La politique
sous l'influence des médias

Collection *Communication et Civilisation*
dirigée par Nicolas Pelissier

Comité de lecture : Olivier Arifon, Christine Barats, Philippe Bouquillion,
Agnès Chauveau, Philippe Le Guern, Tristan Mattelart, Cécile Meadel,
Arnaud Mercier, Alain Milon, Dominique Pages, Francoise Papa

Design des couvertures : Philippe Quinton

La collection *Communication et Civilisation*, créée en septembre 1996, s'est donné un double objectif. D'une part, promouvoir des recherches originales menées sur l'information et la communication en France, en publiant notamment les travaux de jeunes chercheurs dont les découvertes gagnent à connaître une diffusion plus large. D'autre part, valoriser les études portant sur l'internationalisation de la communication et ses interactions avec les cultures locales.

Information et communication sont ici envisagées dans leur acception la plus large, celle qui motive le statut d'interdiscipline des sciences qui les étudient. Que l'on se réfère à l'anthropologie, aux technosciences, à la philosophie ou à l'histoire, il s'agit de révéler la très grande diversité de l'approche communicationnelle des phénomènes humains.

Cependant, ni l'information, ni la communication ne doivent être envisagées comme des objets autonomes et autosuffisants. Leur étude montre que toute société a besoin d'instances de médiation et qu'ils constituent des composantes à part entière du processus de civilisation. Or, à l'Ouest, à l'Est, au Nord et au Sud, ce processus admet des formes souvent spécifiques, parfois communes, mais toujours à découvrir.

Déjà parus

Sophie BACHMANN, *L'éclatement de l'ORTF*.
Anne MAYÈRE, *La société informationnelle*.
Hélène CARDY, *Construire l'identité régionale*.
Philippe QUINTON, *Design graphique et changement*.
Anne NIVAT, *Quand les médias russes ont pris la parole*.
Dana RUDELIC-FERNANDEZ, *Jeunes, Sida et langage*.
Marie-Christine MONNOYER, *L'entreprise et l'outil informationnel*.
Gilles BRUNEL, *Le tiers communicationnel*.
Pascal LEFEBVRE, *Havas et l'audiovisuel*.
Kristian FEIGELSON, Nicolas PELISSIER (sous la dir.), *Télérévolutions culturelles, Chine, Europe Centrale, Russie*.
Maryline CRIVELLO-BOCCA, *L'écran citoyen*.

Jean Mouchon

La politique
sous l'influence des médias

L'Harmattan
5-7, rue de l'École Polytechnique
75005 Paris - FRANCE

L'Harmattan Inc.
55, rue Saint-Jacques
Montréal (Qc) - CANADA H2Y 1K9

© L'Harmattan, 1998
ISBN : 2-7384-7052-1

AVANT-PROPOS

L'étude des relations entre les médias et l'expression politique est complexe. Souvent prisonniers de traditions de recherche entachées d'a priori idéologiques, les travaux consacrés à cette problématique se limitent pendant longtemps à des études de cas aux résultats contradictoires ou illustrent un point de vue militant sur la société. D'un côté, les fonctionnalistes américains privilégient les manifestations empiriques au risque d'abandonner tout système interprétatif, de l'autre, la théorie critique européenne met en avant une lecture de la société par trop simplifiée.

Les articles regroupés dans cet ouvrage reflètent une autre position de recherche. Présentant des analyses menées en continuité sur une dizaine d'années, ils dégagent les aspects réguliers et récurrents du fonctionnement croisé des médias et des interactions politiques tout en restant attentifs aux évolutions structurelles du paysage audiovisuel et aux pressions de l'opinion publique en vue d'une réforme de la vie politique.

La question de la régulation du régime démocratique, partagé désormais entre l'exercice classique de la représentation et la mise en place, par médias interposés, de nouvelles formes de transaction est au coeur de l'ouvrage. Les interrogations sur la place de l'image, sur les effets de l'évolution technologique ou sur l'application de la logique marketing à une sphère autre que la sphère marchande, sont formulées dans cette perspective. L'observation systématique des dispositifs d'information télévisuels et des modèles d'interaction proposés aux acteurs sociaux justifie, en outre, le questionnement sur la concordance réelle entre la visibilité médiatique et la lisibilité sociale ou entre le discours politique et l'expérience vécue.

POSITIONNEMENT

Les limites de l'interprétation factuelle

L'abondante littérature consacrée depuis le début des années quatre-vingt au rôle des médias dans la redéfinition des échanges politiques en France mérite commentaire. Si les auteurs appartiennent le plus souvent à deux univers professionnels distincts, le journalisme ou la recherche, ils ont en commun d'écrire à chaud sur le développement généralisé de la communication dans l'espace public. Mais souvent portés par leur conviction d'être acteur ou interprète d'une des grandes mutations de la fin de siècle, ils manquent de recul pour faire le partage entre "l'ébullition" d'un moment et le véritable changement structurel. Cette confusion donne de véritables cas d'école comme celui développé par François-Henri de Virieu dans *"Médiacratie"* (de Virieu, 1990). Fort du succès de *"L'Heure de vérité"*, le journaliste, par ailleurs très bon analyste des évolutions technologiques dans le domaine de l'information et de la communication, vante les mérites "d'une nouvelle race d'hommes politiques" illustrée par Michel Noir. Le chapitre entier qui lui est consacré laisse entendre que sa carrière politique est ouverte aux plus hautes fonctions de la République. Avec le recul, on mesure l'erreur d'appréciation puisqu'à l'implicite d'une candidature quasi programmée à l'élection présidentielle répondent le passage en justice et, finalement, le retrait définitif de la vie politique. Représentative d'une manière de faire de la politique avec une présence médiatique forte, un charisme indéniable et un parler simple et direct, la figure emblématique de Michel Noir correspond à des effets de mode et non à une redéfinition de l'homme politique. Pour s'en convaincre il suffit de penser à Bernard Tapie, autre personnage au sort encore plus chaotique. De plus en plus visibles, les liens entre la politique et les médias de masse s'avèrent plus complexes que la naïveté nombrilique de certains ne pourrait le laisser croire. L'exemple, emprunté de nouveau aux années quatre-vingt, avec François Léotard et les membres de "la bande à Léo" atteste la vanité d'une sacralisation médiatique trop rapide. La célébrité conquise à la hâte reste éminemment précaire. Trop tôt arrivé au zénith, l'homme politique défini par sa seule image ne résiste pas au doute sur ses compétences. Il est curieux de voir l'itinéraire de François Léotard comme inscrit dans une logique de justification de son succès médiatique. La gestion symbolique de son image se fait hors télévision à travers l'écriture ou les rencontres avec des dirigeants étrangers avancées comme preuves de son aptitude politique. La force de l'image trop vite acquise n'est donc pas assurée dans la durée. L'exemple de François Mitterrand ou de Jacques Chirac en témoigne a contrario. Elu Président de la République après deux tentatives infructueuses, chacun d'entre eux montre l'importance du temps dans la construction du succès. Au départ rétifs à la communication médiatique, ils ont finalement su adapter leur image au contexte politique d'une période. La première alternance de la V République est ainsi proposée par le candidat socialiste sur la base rassurante de la "Force tranquille" effaçant les craintes inspirées par la mythologie du "Grand soir" alors que 14 ans plus tard, le candidat de droite s'avère être le plus en phase avec la société en diagnostiquant "la fracture sociale".

Le rappel de ces quelques exemples inscrits dans l'histoire de la vie politique française depuis l'avènement du "tout communication" a valeur heuristique. Il indique clairement la nécessité de prendre du recul pour interpréter le fait politique qui ne saurait ni se réduire à la maîtrise instrumentale des médias ni se limiter aux propos ponctuels des commentateurs. La difficulté de la réflexion sur l'évolution de la transaction politique contemporaine tient à cette double prégnance. D'une part, le flot télévisuel enchaîne les séquences à un rythme accéléré et produit un effet de banalisation et, d'autre part, l'accompagnement systématique de l'action politique par une inflation de commentaires génère un modèle interprétatif unique et restreint. L'identification de la perspective d'observation s'avère donc fondamentale pour situer le niveau de sens recherché. De ce point de vue, le mélange des genres souvent pratiqué par les journalistes-vedettes ou par les "intellectuels médiatiques" prêts à écrire au rythme du déroulement événementiel tout en affichant une posture de recherche n'est pas satisfaisant. Il l'est d'ailleurs d'autant moins que pour la plupart ces auteurs sont des acteurs directs des situations qu'ils interprètent : à la confusion des positions intellectuelles s'ajoute, encore plus déterminante, la confusion des intérêts.

Les logiques de recherche

Le rôle des médias dans le fonctionnement de la démocratie contemporaine suscite de nombreuses questions et nourrit un débat contradictoire dans la communauté scientifique. Deux positions principales sont revendiquées : l'une, essentiellement critique, met en avant les limitations imposées par la logique médiatique aux formes classiques de l'échange citoyen ; l'autre, délibérément positive insiste sur le lien consubstantiel entre les médias de masse et l'ouverture démocratique. S'appuyant sur des données empiriques, les auteurs de chaque camp s'accordent sur la nécessité de problématiser la réflexion. Contrairement aux commentateurs et aux journalistes, ils ne limitent pas leur perspective à l'observation au jour le jour. Les questions sont posées en relation avec un cadrage théorique qui donne sens à l'investigation. La communication politique est envisagée autrement que comme technique opérationnelle dont on mesure l'efficacité au cas par cas, elle est considérée comme une logique d'action influant sur la redéfinition de l'échange politique. Le niveau structurel apparaît comme le niveau de positionnement le plus pertinent pour la recherche.

Les critiques contre la médiatisation de la politique sont nombreuses et se situent dans des registres différents. La plus ancienne et la plus souvent reprise stigmatise la société du spectacle sous des formes plus ou moins radicales. La dénonciation par les situationnistes du tout image, forme accomplie de la domination sociale, la stigmatisation du simulacre dans la démocratie contemporaine ou la réflexion sur les biais de l'information médiatisée et les catégories qui en régissent la structure (personnalisation, dramatisation, fragmentation et normalisation) constituent les principaux angles d'attaque de ce courant critique. Les travaux d'Eric Neveu sur les magazines politiques des années quatre-vingt s'inscrivent dans cette perspective tout en différant par la méthode choisie. Le travail sur corpus lui permet d'avancer des résultats probants au terme d'une démonstration et non d'un point de vue reflétant les a priori de l'essayiste (Edelman, 1988). Il montre ainsi clairement que les stratégies d'accroche des chaînes généralistes privilégient la mise en spectacle sans obtenir le résultat escompté. Associée systématiquement à des formes ludiques, la spectacularisation des émissions décrédibilise la politique et contribue à faire baisser l'audience.

L'émergence puis le succès sans partage du marketing politique et des sondages d'opinion donnent lieu à un deuxième courant critique. Adoptées en France avec retard par rapport aux Etats-Unis, ces techniques commandent maintenant le déroulement de toutes les campagnes électorales. Le passage de l'ignorance méfiante des hommes politiques à la sacralisation soudaine a des effets sur la crédibilité qui leur est accordée par les électeurs. De plus en plus sophistiquées mais aussi de plus en plus voyantes, elles tendent à apparaître comme les formes modernes de la gestion des opinions collectives. On constate ainsi que le scepticisme, voire le rejet, exprimés au niveau populaire rejoignent les critiques formulées auparavant par des sociologues ou des politologues. Pierre Bourdieu, dans un article souvent cité, conteste la notion même d'opinion publique considérée comme "un artefact pur et simple dont la fonction est de dissimuler... des rapports de force" (Bourdieu, 1973). Reprenant l'argument, Patrick Champagne prolonge la dénonciation de l'usage systématique de ces "technologies sociales" par le constat qu'elles se développent au moment où "le champ politique tend à se refermer sur lui-même", limité à un jeu d'acteurs connivents dans la défense de leur précarré et de leur position dominante (Champagne, 1990). Contestées pour des raisons techniques mais encore plus dans leur fondement et dans leur finalité politique, ces technologies apparaissent avec un pouvoir plus limité pour d'autres auteurs. Si elles traduisent la professionnalisation croissante de la vie politique actuelle, leur efficacité n'est pas sans faille et leur hégémonie reste relative (Gerstlé, 1992). En effet, elles se heurtent à la nature même de la transaction politique qui repose sur la capacité à faire adhérer à un projet ou à croire à un homme. De plus en plus sceptique, l'électeur garde une part de libre-arbitre suffisamment forte pour être capable de ne pas céder automatiquement aux sirènes de la persuasion programmée. Les sondages relatifs aux intentions de vote ne semblent plus être désormais aussi sûrs que naguère. Même repris à la télévision avec l'insistance complaisante de certains commentateurs, leur effet sur le vote n'a rien de mécanique. La campagne présidentielle de 1995 illustre clairement l'écart qui peut s'instituer entre la prévision experte, son annonce donnée comme quasi certitude et le résultat final. Cependant, l'accélération de la professionnalisation politique et le rapprochement de plus en plus marqué avec la logique des campagnes publicitaires ne manquent pas d'être inquiétants au moment où les programmes des candidats se limitent à quelques vagues idées générales et à des intentions... forcément généreuses.

Le troisième courant critique regroupe des auteurs spécialisés dans l'analyse du discours et préoccupés par les conséquences de la médiatisation sur l'exercice de l'argumentation. L'accord des observateurs pour constater les limites de la parole politique à la télévision trop souvent réduite à l'énoncé de "petites phrases" légitime une interrogation en aval sur les contraintes de la production des discours dans le système médiatique et sur le modèle de médiation qui prédomine. Explorant cette direction de recherche, Philippe Breton s'attache à démonter le mécanisme de filtrage du discours de l'homme politique considéré a *priori* comme opaque (Breton, 1995). Partant de l'implicite d'une parole qui cache ses "attendus" et qui n'est pas susceptible d'être comprise par son public, le médiateur procéde à sa reformulation pour la rendre transparente. La parole initiale n'est pas reproduite dans son intégralité, seuls les éléments sélectionnés par le journaliste sont restitués. Les études anglo-saxonnes sur "l'agenda setting", particulièrement représentatives de cette perspective de recherche, analysent les formes récurrentes d'une pratique qui représente une des fonctions essentielles de la médiation journalistique. Cette opération préalable n'est toutefois pas la seule à produire un écart avec le discours d'origine. Déterminées par la recherche d'audience et soumises à une compétitivité qui encourage les surenchères, l'écriture et la mise en scène de l'information contribuent également à la transformation de la parole initiale. De même et de manière cumulative, la systématisation des commentaires à chaud après la prise de parole d'un homme politique dans les médias influe sur la configuration du sens des messages livrés au public. Justifiées sans doute par un souci pédagogique de clarification et d'explication, les analyses du commentateur mettent en avant une grille de lecture de l'information qui peut orienter l'interprétation. Ces pratiques reposent sur l'implicite que le discours du responsable politique, esentiellement auto-référentiel, ne pourrait être compris directement par le public. Déjà limitée à des formes simplistes, l'expression politique risque d'apparaître comme déconnectée de la réalité sociale et de perdre ainsi sa raison d'être aux yeux du citoyen. Confondue avec la logique médiatique actuellement dominante, la médiation ne remplit donc plus son rôle d'aide à l'échange démocratique. Dans ces conditions, l'exercice argumentatif se trouve en effet réduit à une caricature où les petites phrases, les métaphores sportives ou les récits simplistes et édifiants prennent le pas sur le raisonnement progressif et nuancé.

D'autres auteurs ont une approche différente et résolument positive. Le modèle proposé par Dominique Wolton est le plus représentatif et le plus accompli de ce positionnement. S'il est vrai que l'accès à l'information est maintenant ouvert au plus grand nombre et qu'il détermine la régulation démocratique, la communication politique constitue un des maillons essentiels de la démocratie contemporaine. Confrontant les acteurs sociaux et les logiques dont ils sont porteurs (l'homme politique, le médiateur et l'opinion publique, d'après le modèle de Wolton), elle organise à un moment donné "le heurt des enjeux" à partir des discours tenus au nom des différentes composantes de la société (Wolton, 1989). Au coeur du modèle, la communication politique doit répondre à des conditions strictes d'équilibre pour l'expression des acteurs et de représentativité de la parole par rapport à la réalité. Ces conditions ne sont évidemment pas toujours satisfaites, ce qui conduit Dominique Wolton à nuancer l'optimisme de son postulat. Deux niveaux de lecture doivent être sollicités pour répondre à ce qui pourrait apparaître comme une contradiction dans le raisonnement. Le premier, rattaché à la théorie politique, renvoie à une position de principe qui énonce les fondements de la nouvelle régulation imposée par les médias de masse à la démocratie. Le second, référé à la réalité empirique, dresse le constat des entraves à leur mise en application. Beaucoup de critiques émises par les autres courants de recherche se retrouvent dans l'inventaire de ce que Wolton appelle "les contradictions de la communication politique" mais leur portée reste limitée. La déploration de "la médiatisation sans limite", de "la simplification de l'argumentation" ou du "déséquilibre entre les discours" n'est pas mise en relation avec une analyse élargie à la dimension idéologique ou économique. Le débat mené actuellement au sein de la communauté des chercheurs sur le rôle des médias dans la démocratie tourne autour de ce clivage relatif à des options politiques préalables plus que sur un désaccord à propos de l'observation empirique. Proche de cette vision optimiste des médias, Daniel Dayan propose une démarche différente avec ses travaux sur la télévision cérémonielle (Dayan et Katz, 1995). Refusant la dénonciation a *priori* de la politique-spectacle, il décrit des circonstances (rencontre entre Sadate et les dirigeants israéliens, voyage du pape dans les pays du Sud, par exemple) où la cérémonie télévisuelle se remodèle sur des formes célébratoires issues de l'Antiquité et montre ainsi l'efficacité du déplacement de perspective pour le chercheur.

Ce décentrement qui fait passer d'une vision auto-référentielle à une lecture anthropologique des médias permet de surpasser les querelles de position évoquées précédemment. Au moment où sont contestées avec une égale vigueur la manière dominante de produire et de livrer l'information et les nouvelles modalités de l'exercice du pouvoir, la réflexion sur les relations entre politique et médias doit être située dans une perspective élargie, au-delà de l'observation de pratiques largement disqualifiées. Les textes regroupés dans cet ouvrage s'efforcent de répondre à cette exigence par le rappel obstiné des paramètres non intégrés au fonctionnement du système médiatique actuel. Pour y parvenir, il est utile de s'attarder quelque peu sur les usages sociaux du mot politique.

La dimension politique incontournable

S'il est indéniable que la médiatisation de la société contemporaine influe sur les pratiques politiques et sur les modalités de l'échange démocratique, il reste que les questions sur les effets de la médiation ne peuvent être posées sans faire un détour par le rappel de ce qui fonde la relation politique. Il ne peut y avoir un trop grand écart entre les décisions de l'exécutif et les aspirations de la majorité de la population sans que s'exprime la protestation populaire. L'ampleur des récents mouvements sociaux et la multiplication des alternances politiques constituent des signes clairs de la volonté d'être entendu et d'être associé à la définition des orientations qui régissent la vie commune. Pris au piège de la formidable ouverture des réseaux d'information pour un public de plus en plus averti, les professionnels des médias et la classe politique ont tardé à prendre la mesure des exigences qui en découlent. La reconduction sur la scène télévisuelle d'une conception centralisée et élitiste de la politique et la mise à l'écart d'une grande partie des acteurs sociaux activent les réactions de rejet relevées de manière répétée dans les enquêtes d'opinion. L'interprétation qui en est ensuite donnée dans les médias par les commentateurs et les représentants des Instituts de sondage comme forme de désintérêt de la population pour la politique semble peu pertinente. S'il est vrai que l'innocence militante a été ébranlée par les désillusions idéologiques et les crimes commis au nom des beaux principes et si les scandales politico-financiers ont sapé la confiance populaire envers la classe politique, on ne peut pour autant en déduire que la dimension politique soit abandonnée. A rester enfermé dans une logique du miroir brisé telle qu'elle est mise en avant par les détenteurs connivents de la parole autorisée, on valide une définition restreinte de la vie politique réduite à une vision asymétrique de la société et confinée au cercle étroit des décideurs et de leur entourage. Le mécontentement populaire traduit le refus de la situation existante et exprime la revendication d'un changement des mentalités et d'une redéfinition des structures participatives de la vie publique. Sensible à cette césure dans la société et au-delà des prises de position partisanes, le chercheur peut contribuer à cette refondation en proposant une lecture problématisée du construit médiatique.

L'espace public télévisuel a une forte valeur symbolique. Les dispositifs des émissions, les règles et les rituels des interactions verbales et les modes de sélection des thèmes soumis à la discussion publique constituent autant d'indicateurs sur l'état de la démocratie. La télévision généraliste, par nature ouverte à tous les types de public, n'en propose pas moins une distribution des rôles inégale qui renvoie à la stratification de la société. L'observation des paramètres proxémiques n'autorise pas à rendre crédible la volonté des journalistes d'introduire l'interactivité dans les magazines d'information politique. La hiérarchie des lieux, le studio parisien avec son club restreint d'invités vedettes et le café de province où s'exprime pendant de courts instants la parole profane, reflètent une structure sociale figée sur un ordre de valeurs bien établi qui rend dérisoire le projet de rencontre, par exemple, avec la *"France en direct"*. D'un côté, sont mis en avant un statut de compétence et une position sociale reconnue, de l'autre, la place est réduite pour le témoin de l'expérience vécue. La sémantique spatiale se nourrit également de la tradition culturelle. Le modèle de l'école, dans son expression la plus ancienne et la plus hiérarchisée, est repris à peu près systématiquement lorsque le Président de la République participe à des émissions d'échange avec des représentants de la population alors que le dispositif change lorsqu'il s'agit pour lui de répondre à des questions de journalistes ou de débattre avec un homme politique. Il est clair que si le dispositif spatial s'organise à partir d'univers de référence, il en reprend aussi les valeurs. Les acteurs sociaux se voient ainsi proposer un placement dans l'espace qui traduit en soi une plus ou moins grande reconnaissance symbolique. Cette différenciation se retrouve évidemment au niveau des règles imposées pour les prises de parole. Loin d'être égalitaire, la distribution de la parole est déterminée par le statut reconnu ou octroyé. Il existe ainsi deux régimes différents d'expression au sein de l'espace public télévisuel : l'un qui paraît accordé de droit autorisant les intéressés à intervenir fréquemment, longuement, et donc de manière redondante ; l'autre attribué dans des conditions parcimonieuses sans que le locuteur ait la maîtrise du choix du moment de l'intervention et, la plupart du temps, sans bénéficier du "droit de suite" dans l'échange contradictoire. Construits majoritairement à partir d'un schéma pyramidal, les magazines d'information politique reposent sur une conception asymétrique de l'interaction sociale qui les positionnent à contre-courant de la demande citoyenne.

Les choix opérés pour sélectionner et traiter l'information méritent également d'être mis à plat. Le fait de cristalliser l'attention sur la rivalité des chefs et d'en écrire la chronique apparaît plus comme un ressort du marketing pour stimuler l'audience que comme une contribution à l'éclairage de la compréhension du monde. Ce scénario de facilité induit une vision de la politique fondée sur la coupure entre les "puissants" et tous les autres membres de la société et nie le principe de la participation collective aux affaires publiques. Dans cette logique, il n'est pas étonnant de constater que les protocoles des émissions d'information et d'échange politique figent les rôles des acteurs sociaux. Le responsable politique doit dans tous les cas répondre à des questions et, qui plus est, dans l'instant de leur formulation sous prétexte qu'il serait omniscient. Les effets de cette conception infantilisante de la relation politique sont dévastateurs. L'attente déçue qui en résulte est nourrie de manière répétitive puisque c'est le dispositif qui en est la cause. De nouvelles règles restent à trouver pour faire en sorte que l'information soit donnée à tous comme élément préalable au débat public et que les modalités de l'échange s'établissent sur la base d'une responsabilité partagée. La complexité des questions sociales et des questions économiques pourrait ainsi être envisagée en écoutant et en croisant les points de vue des acteurs sociaux. La télévision-citoyenne ne devrait-elle pas préparer le téléspectateur à "sa" rencontre avec l'homme politique ?

Première partie

INFORMATION ET POLITIQUE

PRESENTATION

Avec les progrès de l'électronique, le bouleversement des modes de diffusion par les satellites et la place prépondérante de la télévision dans l'information de masse le pouvoir de l'image s'accentue. Parallèlement, les nouvelles formes de présentation comme le direct, le continu ou la recherche du spectaculaire transforment le fonctionnement du système informatif. Le journaliste est de plus en plus soumis à la logique des pouvoirs dominants (politique, économique, militaire) et l'image d'information court le risque de devenir un élément de gestion des opinions publiques dans les démocraties libérales.

L'exemple de la couverture médiatique de l'élection du Président du Conseil Général de la Réunion, proposé ensuite, montre la tension entre un modèle inspiré du système prévalant dans les pays développés et un corps de référence renvoyant à la sociabilité traditionnelle. La mythologie collective nourrit le discours des journalistes.

L'INFORMATION POLITIQUE
EN CHAMP ET EN CONTRE-CHAMP*

Le contexte négatif actuel rend délicate la réflexion sur les médias et sur leur lien avec le politique. Les signes de doute ou de rejet s'accumulent. Les sondages indiquent de manière répétitive la baisse croissante du crédit accordé aux acteurs des deux sphères, dénoncés pour leurs pratiques conniventes (1). Les élections confirment régulièrement cette tendance avec un taux de participation imprévisible, reflet de l'insatisfaction populaire. En réponse, les professionnels de l'information et de la politique accompagnent le mouvement en multipliant les paroles ou les écrits de contrition. Jamais n'a-t-on lu autant d'appels empreints de moralisme et d'invites à l'auto-critique pour gage de changement. A situation de doute, une réponse unique et salvatrice : le mal peut être conjuré par la prescription éthique (2).

Pourtant, l'enchaînement des événements récents atteste le retour obstiné des formes incriminées. A Timisoara a succédé la guerre du Golfe, à la guerre du Golfe la Somalie, à la Somalie, en toute vraisemblance, la prochaine intervention médiatico-guerrière au nom du droit international ou du devoir d'ingérence humanitaire. Chaque "couverture" produit les mêmes dérives spectaculaires et les mêmes manipulations des opinions publiques comme si la nouvelle manière de gérer les tensions internationales se mettait en place associant politique et médias. En politique aussi, chaque campagne répète les artifices et les modèles de la communication-marketing. Un temps réservées aux campagnes nationales, ces techniques sont

* Article paru dans la revue « *Hermès* », n° 13, CNRS, Paris, 1994.

maintenant généralisées à l'ensemble des collectivités territoriales. Le relevé des dérapages et l'appel à l'éthique ne suffisent plus : la récurrence des phénomènes observés renvoie à une compréhension d'ensemble du système et à ses logiques constitutives.

Le contexte de changement profond des années quatre-vingt, avec la mutation technologique sans précédent du secteur audiovisuel, le processus de marchandisation du produit informationnel et la sujétion du politique aux méthodes du marketing, indique les directions à explorer pour expliquer les redéfinitions en cours et prendre la mesure de leurs effets.

La mutation technologique et le nouvel ordre informationnel

La majorité de la population s'informe en regardant le journal télévisé et, pour une bonne partie d'entre elle, l'image est le garant de la vérité. Cette réalité, couramment exprimée par les téléspectateurs des anciens pays totalitaires (on pense, en particulier, à la Russie où la confiance forte des gens dans la télévision tranche avec leur désarroi face à l'économie ou à leur rejet du politique), montre la puissance du modèle libéral avec sa profusion d'images. Cette abondance généralisée dans les pays développés et fortement désirée dans les autres, résulte largement de progrès technologiques encore récents. A tous les bouts de la chaîne, la technologie a ouvert des possibilités nouvelles pour produire des images, pour les diffuser et pour les recevoir à domicile. Les caméras légères, en donnant plus d'autonomie au journaliste, facilitent l'enquête de terrain et accélèrent la réalisation des reportages ; les liaisons satellites désormais victimes d'embouteillages (3) font la preuve de la densité du trafic d'images et la possession quasi systématique d'un téléviseur (et souvent de plusieurs) dans les foyers des pays développés donne la mesure de la position hégémonique de l'image dans le monde actuel. L'information n'étant plus tributaire des limitations techniques antérieures, une nouvelle ère s'est ouverte avec ses potentialités offertes aux différentes catégories d'acteurs engagés dans le processus informationnel. A cette nouvelle ère technologique correspond donc aussi nécessairement une redéfinition des pratiques : c'est bien le cas pour les téléspectateurs et les journalistes.

Le téléspectateur transformé : le temps de la griserie

Les positionnements du téléspectateur à l'heure de cette nouvelle donne bousculent beaucoup d'idées reçues. L'image, clé de voûte du nouvel ordre informationnel, est d'abord réclamée, regardée et, parfois seulement, mise en perspective critique. La consommation de l'information se fait donc à l'appel du déroulement précipité de l'actualité. Cette tendance explique pour une bonne part l'apparition des nouvelles chaînes d'information en continu et sans doute leur succès. Si la création de *CNN* par Ted Turner, au début des années quatre-vingt, avait été accompagnée du scepticisme le plus total de la part des dirigeants des grands networks, dix ans plus tard, plusieurs projets sont mis en place pour le concurrencer (tel *Euronews*, à l'instigation des chaînes publiques européennes). Ce revirement n'est pas mineur car, impulsé par le succès de l'inventeur de la formule, il permet de mesurer l'importance désormais reconnue à la diffusion de l'information à flux continu. Le changement technologique tend à ancrer le besoin d'images dans la population et leur présence plus ou moins abondante devient souvent le premier critère pour juger de la qualité du système d'information. Désormais données en direct, les images viennent s'insérer dans le temps du vécu du récepteur. Le vieux rêve humain, exprimé de tout temps de manière mythique, semble enfin se réaliser : chaque téléspectateur est saisi du don d'ubiquité. Comme le dit Daniel Bougnoux : *"les médias contemporains, en annulant le temps, satisfont le plus grand de nos désirs, assouvi par l'abandon des contraintes spatio-temporelles"* (Bougnoux, 1991). De ce point de vue, *CNN* incarne le rêve absolu, c'est le démiurge total.

Le direct crée également un lien communautaire dans toutes les occasions où la télévision rassemble au même moment les regards de millions et, parfois, de milliards de personnes. Les concerts, les actions humanitaires et les événements sportifs retransmis en même temps sur plusieurs continents ont ouvert la voie à une forme de participation massive et consensuelle qui touche aussi la sphère de l'information. Fréquentes, ces retransmissions deviennent un nouveau genre télévisuel qui se répète au gré des tournois de tennis ou des Jeux Olympiques. La mesure de la réussite est alors proportionnelle au nombre de téléspectateurs touchés. Il ne peut en aller de même dans le domaine de l'information. La qualité de ce qui est donné à voir ne s'évalue pas à l'ampleur de l'espace de diffusion ou de réception (Timisoara a été une tromperie collective pour l'ensemble des télévisions occidentales). Les risques de falsification de l'image devraient plus inciter à la distance critique qu'aux mouvements de passion. Cette attitude de prudence constitue un impératif d'autant plus fort que l'image, par nature, a d'abord un impact sensoriel.

Les nouvelles pratiques télévisuelles construisent un nouveau rapport à la réalité. Ce mouvement semble se précipiter après les années quatre-vingt. La rapidité du défilement des images, leur concentration dans les spots publicitaires ou les génériques de plus en plus courts habituent à se satisfaire d'un regard syncopé toujours prêt à passer à l'image suivante. Le rapport à l'image est vécu dans la griserie : l'image appelle l'image. Le direct et le continu installent ces pratiques dans le domaine de l'information et donnent le reflet d'une réalité réduite à des soubresauts. Peu importent les causes des tragédies du monde, l'information ne s'y arrête pas : elle est emportée par son rythme, elle surfe d'un événement à l'autre, sous les feux de la rampe médiatique.

S'il est important d'analyser les raisons qui attirent le téléspectateur vers les nouvelles formes de diffusion des images d'information et de comprendre le succès rapide de la formule du direct et du continu, le rappel du discrédit croissant des médias dans l'opinion publique oblige, par ailleurs, à réfléchir à ses limites (4).

Le téléspectateur transformé : la perspective critique

Potentiellement, l'homme contemporain dispose de nombreux moyens pour s'informer. Le journal, la radio et la télévision sont à la portée de tous pour proposer leur approche complémentaire de la réalité (comme le rappellent avec insistance les gens de télévision quand ils répondent aux critiques sur la superficialité de l'image (5). Du concret à l'abstrait, de la rapidité de l'instant au recul du différé : les variantes pour approcher la réalité sont disponibles. En fait, peu de gens en profitent. A part les décideurs et certains professionnels pour qui l'information est devenue une donnée stratégique, la majorité de la population n'a ni le temps, ni peut-être le goût, de passer d'un support à l'autre (la baisse constante et inquiétante du nombre de lecteurs de journaux l'atteste, en France tout particulièrement). L'acte de s'informer s'opère à l'économie, à partir d'un seul support choisi pour sa commodité et pour sa simplicité. La télévision, déjà ouverte dans les foyers au moment du rituel du Journal, s'impose alors comme le principal vecteur d'information des sociétés développées. Pour la majorité des gens, l'information sur le monde passe donc par l'entremise de l'image.

Etre informé quasi exclusivement par l'image n'est pas sans conséquences. La vision de la réalité qui est partagée par des millions de téléspectateurs est soumise au filtre d'une présentation qui privilégie fréquemment la dimension affective et émotionnelle. La famine dans les pays d'Afrique a trouvé un large écho mondial dès lors que des enfants faméliques ont été montrés en gros plans aux heures de grande écoute. L'image a une charge d'interpellation plus considérable que l'écrit : la force de l'image prime toujours "le poids des mots", pour reprendre le sens de la publicité de *Paris-Match*. Mais, l'accumulation d'images d'horreur ou leur répétition, jour après jour, fait courir le risque de banaliser l'inacceptable. L'habitude de voir des scènes de guerre finit par émousser le sentiment d'absurdité que l'on peut éprouver. L'image-miroir finit par faire fond, à l'arrière-plan des préoccupations plus immédiates et quotidiennes. L'émotion qui ne débouche sur aucun acte concret devient une émotion stérile.

Malgré cela, la télévision fait commerce des images-choc. Les journalistes, pour répondre aux urgences du métier ou pour exploiter une recette au succès assuré (les journaux sportifs -eux aussi- proposent une fois par an des numéros spéciaux tout en images en reprenant les "grandes émotions" de l'année écoulée), contribuent à fixer dans leurs pratiques une rhétorique de facilité et de conformisme. L'image, pourtant, offre d'autres possibilités. A condition de ne pas être choisie avec la volonté de faire du spectacle, elle peut montrer des éléments du quotidien apparemment anodins mais dont le sens est ouvert sur l'avenir (comme ces anciens guerriers éthiopiens donnant des soins à leur bébé et dont l'apparition dans un reportage récent de Frédéric Mitterrand symbolise les premiers signes de changement). Moins directement interpellante, cette catégorie d'images perd en autonomie : la force de sa signification doit souvent être mise en valeur par un texte d'accompagnement. Ce recours nécessaire à une expression mixte pour rendre compte des phénomènes complexes indique bien les limites de la pratique du "tout en images" qui se développe avec les innovations de la technologie. L'image d'information n'a d'intérêt que si elle ouvre à la compréhension de ce qu'elle montre.

Le traitement télévisuel des événements dramatiques que vient de connaître le monde ne va pas dans ce sens. Après la manipulation de Timisoara, la couverture de la Guerre du Golfe et, maintenant, la médiatisation grotesque du débarquement américain en Somalie, on est en droit de se questionner sur les finalités du système informatif. Des personnalités nombreuses et d'origines diverses se font entendre pour rappeler que l'information doit d'abord être un travail de raison. Dans un entretien publié sous le titre : "*J'ai peur des médias*", le Cardinal Lustiger fait part de sa préoccupation : "*l'information devrait développer la rationalité. Elle a provoqué l'inverse, comme si la raison dans les pays démocratiques avait basculé sous la vague des images, de l'affectivité et des passions*" (Lustiger, 1991). L'excès de médiatisation a bien pour conséquence d'annihiler le pouvoir du téléspectateur à prendre de la distance. Constamment sollicité, il perd sa capacité à abstraire, et donc à mettre en perspective ce qui lui est proposé. Il risque alors d'être soumis à des manipulations grossières ou tristement caricaturales comme on le vit pendant la guerre du Golfe. Instruits par l'expérience du Vietnam où le réalisme tragique des images avait suscité un rejet de l'opinion publique, les militaires ont cette fois imposé le registre inverse avec la version d'une guerre "propre". Les images de haute technologie, montrées dès le début de manière répétitive, ont défini la nature de la "couverture" proposée : l'information était détournée au profit d'une volonté de masquage des atrocités de la guerre. Ce procédé, encore vivace dans les mémoires et à l'efficacité attestée (au même moment la vente des jeux électroniques a largement augmenté), démontre le pouvoir exorbitant de l'image mise sous contrôle. Le fait qu'elle ait pu permettre une falsification incroyable de la réalité au point que la guerre a d'abord semblé renvoyer à l'univers ludique et, que jamais ensuite, il n'a été question des morts irakiens, en donne l'inquiétante mesure. Conscient qu'il s'agissait d'un enjeu majeur de l'époque, Serge Daney a écrit dans une de ses tribunes de *Libération* : "*nous entrons dans une période où l'image n'existe plus que du point de vue du pouvoir ; nous ne sommes pas dans la civilisation de l'image mais de l'écran*". Le contrôle de l'image est d'autant plus redoutable que l'information en continu donne une illusion de transparence. Son déroulement ininterrompu peut faire vibrer l'émotion mais anesthésie à coup sûr la raison. Elle facilite ainsi la mainmise des décideurs politiques et des militaires sur la procédure informationnelle chaque fois que des intérêts stratégiques sont en jeu. La guerre du Golfe a sans doute constitué la première réalisation à l'échelle mondiale de cette redéfinition du rôle des médias et du positionnement de chaque catégorie d'acteurs dans le système d'information. Derrière l'image montrée se profile la finalité propagandiste : "*it was not the war in the Persian Gulf that we witnessed but rather imagery orchestrated to convey a sense of triumph and thus to achieve results that reality and reason could never have obtained*" (Mowlana, Gerbner, Schiller, 1992).

L'affirmation de l'autonomie des journalistes apparaît comme le contre-point indispensable à cette pression toujours menaçante. Les nouvelles modalités d'accès à l'information le permettent-elles ?

Le métier de journaliste redéfini

Les progrès de la technologie audiovisuelle offrent une plus grande souplesse d'accès au terrain et donnent potentiellement la possibilité de varier les sources d'images. Dans la réalité, le mouvement contraire se manifeste, s'accentue même, sous la pression des contraintes économiques. Le besoin d'images -considéré comme irrépressible- et la "couverture" mondiale des événements ne peuvent être satisfaits qu'en faisant appel aux grandes agences, majoritairement d'origines anglo-saxonnes. La loi du marché, par le mouvement de réduction des sources d'information qu'elle occasionne, tend donc inévitablement à institutionnaliser la conformité voire le conformisme dans la diffusion de l'information.

La tendance est particulièrement sensible dans le domaine des nouvelles internationales. *CNN*, en position de quasi monopole pour la fourniture d'images en situation de crise mondiale, impose par là-même un modèle unique de traitement de l'information qui mérite d'être interrogé tant pour sa forme que pour ses effets. L'exemple de la "couverture" de la guerre du Golfe est là aussi éclairant. Appliquant systématiquement le principe de l'information en direct et en continu, la chaîne s'est trouvée en position de prestataire de services pour les dirigeants des pays belligérants. Tribune ouverte en permanence à l'échelon mondial, elle donnait les informations, sans délai et sans retenue : son caractère privé lui assurant la possibilité de remplacer la voie diplomatique, trop limitée par des contraintes stratégiques (ce rôle avait d'ailleurs commencé à se préciser au moment de la Pérestroïka, avec Gorbatchev et le Président américain). Mais cette pratique change la nature de la finalité informative. Elle tend à redéfinir le système en lui attribuant des fonctions séparées, selon les catégories d'usagers. L'information se décline alors à plusieurs niveaux : le premier, sans doute le plus important, concerne les élites internationales pour qui le suivi de l'évolution des tensions mondiales est indispensable pour les prises de décision ; l'autre, de moindre importance, à l'intention du grand public. Plusieurs études démontrent le mécanisme de cette pratique de dédoublement (Vincent, 1992). La reprise systématique des images de *CNN* par l'ensemble des chaînes généralistes apparaît, dans ces conditions, comme contradictoire avec leur vocation. Mais la crainte d'être moins "performant" que la concurrence rend certains journalistes moins exigeants et les conduit à se contenter de reproduire des formules à succès sans se soucier du contexte d'insertion.

La limitation des sources d'information, quelle que soit son origine, est génératrice de conformisme. L'accélération des procédures de diffusion due au progrès technique en accentue encore le risque. La vidéo, le satellite et l'ordinateur modifient le rythme du travail et raccourcissent le temps de latence entre l'événement et son image. Ainsi, paradoxalement, alors que l'ouverture au monde semble ne plus avoir de limite, les conditions de sa compréhension se restreignent. Conscients du décalage, les journalistes les plus clairvoyants évaluent ses effets sur la qualité de l'information. Instruite par sa longue expérience de présentatrice du journal télévisé, Christine

Ockrent en conclut "que le système évolue plus vite que les mentalités". Pour étayer son affirmation elle s'appuie sur un exemple qui a marqué l'imaginaire collectif : *"le printemps de Pékin a creusé jusqu'à la caricature le fossé entre la technologie et l'intelligence de l'événement car le progrès des techniques n'entraîne pas nécessairement la maîtrise de l'information, ni une compréhension en profondeur des phénomènes que les caméras reflètent"* (Ockrent, 1989). Cette position critique traduit bien le divorce actuel entre deux conceptions du journalisme que résume ainsi Alain Woodrow : *"derrière la philosophie de l'information purement factuelle, lisse, sans "parasite" d'aucune sorte (entendez le journaliste), se cache une volonté conservatrice de ne pas déranger le statut quo. Face à un journalisme "engagé" qui cherche à situer l'événement, à en révéler la signification par un commentaire, se propage aujourd'hui un journalisme "désengagé", aseptisé, composé de faits bruts livrés sans hiérarchie et sans clé de compréhension* (Woodrow, 1990)".

La portée de ce débat acquiert une importance d'autant plus aiguë que l'information est maintenant complètement mondialisée. La guerre du Golfe a mis une fois encore en lumière les transformations du système et attiré l'attention sur leurs conséquences. La diffusion par satellite a placé tous les pays en position de recevoir les mêmes images (celles de *CNN* principalement), et a particulièrement sensibilisé les populations à l'origine des sources de l'information. L'idéologie de la "transparence" des faits et sa justification par un universalisme éthéré (on pense aux déclarations de Ted Turner) n'ont pas résisté au dérisoire d'une situation par trop ouvertement déséquilibrée. Les manifestations dans les pays arabes et la protestation de colère des populations rappellent que, par nature, l'information a des fondements culturels. Faire comme si ce n'était pas le cas traduit une position d'hégémonie qui est souvent celle des détenteurs du pouvoir économique. La marchandisation du produit informatif ne peut donc conduire à son uniformisation dès lors que, mis dans le circuit mondial, il rencontre des publics hétérogènes. L'ignorer aurait pour conséquence inévitable d'aviver les révoltes identitaires.

Le journaliste de l'audiovisuel a vu son rôle se transformer : *"d'observateur, puis de témoin, il est progressivement devenu acteur et créateur d'événements"* (Woodrow, 1990). Cette redéfinition questionne les modèles qui sont en train de se normaliser sous la pression des mutations technologiques sans précédent de la dernière décennie mais, également, de la logique marchande qui s'est imposée.

La marchandisation de l'information et la logique marketing

Prise dans le mouvement général de l'industrialisation de la culture, l'information est de plus en plus contrainte par des impératifs économiques.

L'information-marchandise

La privatisation de la télévision a brusquement changé la nature des programmes proposés par les chaînes généralistes. Les émissions de variétés animées par des présentateurs-vedettes embauchés à prix d'or, les séries ou les jeux importés des Etats-Unis ont constitué -au moins dans un premier temps- l'essentiel de l'offre nouvelle. Si la période actuelle semble porteuse d'un renouvellement des genres, le strass et les paillettes tendant à être délaissés pour les "reality shows", il reste que le système est conçu pour aller au devant de ce qui est considéré comme la demande majoritaire des téléspectateurs. Liée à sa source de financement, la télévision commerciale ne déroge pas à sa mission première : la recherche de l'audience maximale. La poursuite de cet objectif, exacerbée par les effets de la concurrence, a des conséquences sur l'ensemble de la programmation comme l'atteste la préférence accordée à certains types d'émission ou la réduction du nombre de certains autres moins massivement regardés (les émissions littéraires et culturelles, par exemple). A ces modifications immédiatement visibles s'en ajoutent d'autres, plus diffuses, qui transforment progressivement la définition des genres. L'évolution récente de l'information télévisée en donne l'exemple : conçue de plus en plus selon les canons de la logique commerciale elle risque de faire oublier sa finalité d'intérêt général.

Le vedettariat, érigé en principe constitutif du système informatif, fait partie de la stratégie des chaînes pour s'assurer de l'audience. En confiant tous les soirs de la semaine le *JT* de 20 heures au seul Patrick Poivre d'Arvor, *TF1* pousse à l'extrême le renforcement de la personnalisation de l'information. Le présentateur, pièce centrale du journal, est intégré à un dispositif de mise en valeur. Dès le générique, son apparition plein cadre l'identifie à l'image de la chaîne au même titre que le logo. Ensuite, avec une intonation, des regards, des mimiques ou des commentaires qui sollicitent avec constance le téléspectateur, il traduit la manière dont *TF1* compose la relation avec son public. Rapportée au projet de l'entreprise, cette systématisation a une efficacité certaine : la cohérence et la pérennité sont assurées grâce à la répétition, chaque soir, des mêmes signes. Mais maintenir l'équilibre entre la position de vedette et la fonction de journaliste n'est pas toujours facile. Le faux entretien avec Fidel Castro l'a montré récemment. N'ayant pu obtenir l'interview exclusive pour laquelle il s'est déplacé, le présentateur la simule dans un montage assez grossier. Le trucage est rapidement découvert et donne lieu à une dénonciation publique. Cette pratique, douteuse au regard de la déontologie journalistique, interroge aussi le niveau institutionnel. La logique du vedettariat, qui nourrit le mythe de l'infaillibilité, ne s'accommode pas facilement des aléas de la réalité. Poussée à l'extrême, elle peut motiver des dérives peu compréhensibles si elles ne sont pas rapportées à leur contexte de réalisation. Conçue comme produit commercial, l'image court le risque d'être utilisée à des fins qui n'ont plus de rapport avec la démarche informative. Son intégration dans le circuit marchand modifie fondamentalement sa nature : la mise en forme compte désormais plus que le contenu de ce qui est montré.

L'image d'information est inséparable des modèles narratifs et des procédés rhétoriques qui définissent sa présence à l'écran. A l'heure de la télévision commerciale, la sélection se fait en fonction de la capacité à attirer et à retenir le public (la population dans son ensemble pour les chaînes généralistes ou le public cible pour les chaînes câblées et les chaînes cryptées). Les formes choisies deviennent ainsi le mode unique de présentation de la réalité. Parées du caractère d'évidence que leur confère leur suprématie, elles influent sur le processus informatif dans la mesure où elles prédéterminent une manière d'appréhender le monde. Le modèle fragmenté et haché des journaux télévisés ne se justifie qu'en référence à des choix préalables dont on peut discuter la pertinence. Contestant la "tyrannie de l'événement" qui préside actuellement à la fabrication de l'information, Dominique Wolton montre les limites de l'impérialisme du news, de l'instant et du direct : "*il y a une contradiction entre la rapidité de l'information, la simplification qui en résulte et la complexité de l'histoire et des problèmes de société*" (Wolton, 1992). La tendance étant à l'accentuation de cette pratique, on peut alors se demander si elle ne fait pas pleinement partie de la stratégie d'accroche des chaînes. Profitant au maximum des nouvelles possibilités de la technique, ces dernières disposent d'un large éventail de moyens pour dramatiser l'information. Jouant à la fois du potentiel émotionnel de l'image (les titres sont parfois remplacés par les images-choc du jour) et du direct qui peut (dit-on) à tout moment faire surgir l'inattendu, elles maintiennent le public en haleine. Cette limitation de la réception de l'information aux palpitations de l'instant montre assez le dévoiement possible de la fonction journalistique sous la pression de la rentabilité économique. C'est donc bien, comme le dit le Cardinal Lustiger, "*la logique d'un système d'information qui est en cause : informer pour garder l'audience, livrer brut les nouvelles sans aucune retenue pour ensuite passer sans transition aux recettes habituelles de l'attrape-téléspectateur est une régression. Quand l'information devient un produit à vendre et donc à capter de l'auditoire pour faire de l'argent, les spectateurs comme les producteurs d'images sont embarqués dans un bateau ivre"* (Lustiger, 1991).

Malgré les apparences, la présentation factuelle de l'information ne se limite pas à sa forme instantanée et aléatoire. Elle est intégrée à des schémas narratifs préalables, d'autant plus faciles à développer que les nouvelles évoquent en majorité des dérèglements, des catastrophes naturelles ou des atrocités commises par les hommes. L'ordre et le désordre sont ainsi constamment mis en avant, bornes d'un récit du monde inlassablement répété mais rarement mis en perspective. La croyance à l'existence du fait brut et la modélisation narrative réduite à un cheminement binaire contribuent à dissocier l'actualité de son explication. Le choix, relevant apparemment de la nécessité professionnelle, renvoie en réalité à une philosophie sous-jacente de l'information. On peut, comme Gérard Leblanc, se demander si *"la dissociation entre les effets et les causes ne signifie pas l'impossibilité d'atteindre, par leur mise en relation, à une conception du monde qui en suppose la maîtrise"* (Leblanc, 1987). L'interrogation a d'autant plus de pertinence que les compléments traditionnels à l'information livrée par le Journal télévisé sont de plus en plus menacés de suppression et ne jouent plus le rôle qu'on continue à leur attribuer en dépit des démentis de la réalité. Alors que les magazines d'investigation sont déjà peu nombreux, l'avenir de *"Droit de savoir"* sur *TF1* demeure incertain et, la presse écrite pourrait à l'avenir voir son lectorat réduit "à une élite excentrique". Les effets de système liés à la conception marchande du produit informatif sont dangereux car ils aboutissent à privilégier le modèle d'accès à l'information le plus passif. La polémique actuelle au sein de la rédaction de *TF1* et les démissions qu'elle occasionne traduisent cette crainte de la part de journalistes conscients que des limites sont à apporter à l'information-spectacle.

La concurrence entre les chaînes accentue les risques de perversion du système médiatique. Préoccupée avant tout de ne pas se laisser distancer par ses concurrentes, chacune d'entre elles pousse dans le sens de la surenchère. La sélection des présentateurs du *JT* de 20 heures est à cet égard significative. L'ascension de Guillaume Durand, sur la *Cinq* puis sur *TF1*, s'explique par sa capacité supérieure à en faire un peu plus que ses confrères. Sa manière de présenter l'information rappelle étrangement les savoir-faire du camelot : du bagoût et un goût prononcé pour le style hypertrophié. La forme ainsi survalorisée ne garantit plus le contenu. Le passage en continu et, sans contrôle, des images en provenance de Roumanie montre que le souci du présentateur est surtout de faire un coup plus fort que celui -prévisible- du concurrent. Cette surenchère individuelle se déploie en parallèle d'une tendance qui concerne l'ensemble de la communauté des journalistes. Albert du Roy insiste avec raison sur les manifestations d'aveuglement collectif qu'entraîne la soumission à la logique de la concurrence. Le faux charnier de Timisoara n'a pu tromper la vigilance des professionnels de l'information que par la conjonction de plusieurs phénomènes qui sont chacun typiques d'un usage de l'image, à l'ère de la mondialisation de l'information. La fin du régime de Ceaucescu, considéré comme un des dictateurs les plus effroyables du siècle, crée un contexte où l'horreur ne peut que se déployer. La manipulation opérée à Bucarest est inséparable du processus de diabolisation de l'ancien tyran. Ce processus donne de la vraisemblable à une réaction sanguinaire qui se concrétise alors dans l'imagerie macabre du faux charnier. La suite s'inscrit dans la logique concurrentielle : chaque chaîne joue de l'impact de l'émotion suscitée par des images d'atrocité et s'empare de ce qui lui est livré sans se soucier de la vérification des sources. Véritable cas d'école pour illustrer le risque de manipulation qui accompagne désormais l'information en situation de crise, l'épisode de Timisoara permet de bien identifier "la triple dictature de la précipitation, de la surenchère et de l'émotion que la loi de la concurrence impose" (du Roy, 1992).

L'image d'information perd en crédibilité lorsqu'elle est subordonnée à des exigences qui l'éloignent de son champ d'appartenance. Moyen privilégié de la connaissance du monde dans les sociétés démocratiques, elle s'accommode mal des artifices et des habillages dont on veut la parer à des fins intéressées. L'abus du marketing politique dans les années quatre-vingt en apporte une autre illustration.

L'image-marketing

Dans le domaine de l'expression politique, l'image est devenue en un temps relativement court le support obligé de la communication. Municipalités, communautés urbaines, conseils généraux ou régionaux se sont lancés (parfois en concurrence les uns avec les autres) dans des campagnes où les logos et les clichés flatteurs tiennent lieu d'information. L'image, ainsi composée selon les modes du moment et destinée à des publics ciblés, s'écarte trop souvent de la réalité. L'Europe, par exemple, souvent évoquée avant l'ouverture du grand marché communautaire, voit son centre ou son "coeur" se déplacer d'un point cardinal à l'autre, au gré des campagnes de communication. De même, pour une "surdouée" passée maîtresse dans l'art de valoriser sa réalité à l'aide d'une image délibérément positive, combien de villes en restent au stade d'une auto-célébration peu convaincante malgré l'étendard levé des Europoles ou des Technopoles. L'image, conçue comme matérialisation d'une idée, obéit à des règles de vraisemblance qui doivent être respectées pour gagner l'adhésion du destinataire, seul juge qui compte au demeurant. Le "tout communication", poursuivi sans discernement dans la décennie précédente, est le pire ennemi de l'information. Ce constat s'applique de la même manière pour les acteurs de la vie politique. L'image politique, image de composition, reste fortement contrainte par les données contextuelles qui déterminent la façon dont elle est reçue. Si les spécialistes du marketing subordonnent sa conception à quelques principes -simplicité, spécificité, originalité et cohérence-, ses effets sur l'opinion sont difficiles à maîtriser. Elle ne doit surtout pas paraître factice. L'artifice des méthodes de persuasion contemporaines représente un danger aussi important pour l'homme politique que la "langue de bois", vernaculaire d'un milieu déconnecté de la réalité vécue par les gens. A cet égard, les multiples participations des leaders politiques à des émissions de variétés ou de jeux ont surtout contribué à les discréditer. Les émissions à mise en scène ostentatoire et les efforts voyants pour y bien paraître n'ont pas eu l'effet de rapprochement escompté par les conseils en communication car l'image reçue est celle d'un spectacle grotesque.

Il est réconfortant de constater que l'image qui s'écarte trop d'un minimum de crédibilité informative perd tout pouvoir de persuasion. La dernière campagne des élections présidentielles américaines l'a particulièrement montré : la percée de Bill Clinton n'a pu être contrée par les attaques de son adversaire principal, fondées exclusivement sur l'exploitation de quelques clichés tirés du passé.

L'image d'information change de nature avec les progrès de l'électronique, le bouleversement des modes de diffusion par les satellites et la place prépondérante que tient la télévision pour l'information du grand public.

Le direct, le continu et le spectaculaire, désormais modes courants de présentation, ont des effets sur l'ensemble du système informatif. Le journaliste, soumis aux impératifs de la concurrence commerciale entre les chaînes et pressé par la vitesse impulsée par la technologie, a du mal à ne pas tomber en dépendance de logiques externes à son métier. Le public, sollicité dans les registres de l'émotif et du ludique, a du mal à s'y retrouver. Ces symptômes montrent que l'information politique ne peut pas se laisser réduire à un instrument de gestion de l'opinion, au gré des intérêts des différents pouvoirs.

NOTES

1 - Comme le montre l'amalgame pour désigner le monde "politico-médiatique".

2 - Albert du Roy a systématisé cet "examen de conscience" du journaliste et donne les prémices d'un code déontologique pour la profession dans *"Le serment de Théophraste"* (Flammarion, 1992).

3 - Le *Monde* du 31 janvier 1991 a publié un article intitulé : *"Embouteillages d'images dans le ciel"*.

4 - cf. le sondage SOFRES pour *Médiaspouvoirs, La Croix* et *Télérama* réalisé au début 1992 : *"depuis 1988, la perte de confiance dans la radio est de 8 points, de 13 points pour les journaux et de 16 points pour la télévision qui apparaît la plus touchée"*.

5 - Argument longuement développé par Etienne Mougeotte dans une tribune du *Monde* daté du 5 avril 1991.

PRATIQUES DU JOURNALISME
ET PAROLE INSTITUÉE*

Les pratiques journalistiques sont l'objet de nombreuses interrogations. Devenues centrales dans l'espace public, elles définissent pour une grande part les modalités d'accès à la connaissance des événements. Il n'est donc pas surprenant qu'elles soient jugées à la mesure de leur crédibilité. Si les erreurs ou les manipulations commises à la fin des années quatre-vingt et au début de la nouvelle décennie ont laissé une trace vivace dans la mémoire collective, c'est qu'elles apparaissent comme des cas de figure emblématiques pour l'évolution d'un métier en cours de redéfinition structurelle. Pris dans le mouvement général de marchandisation du produit culturel, les médias sont de plus en plus soumis aux règles du marketing qui impose une logique de type commercial. En même temps, la révolution technologique transforme radicalement les pratiques de recueil de l'information au point que les principes enseignés dans les Ecoles de journalisme, en particulier la vérification et le recoupement des sources, deviennent structurellement difficiles à respecter. Enfin, élément de la culture de masse, l'information est d'un accès inégal sur les différents supports disponibles. La presse écrite perd des lecteurs de manière continue alors que dans le même temps la télévision acquiert une position quasi monopolistique et modélise un accès nouveau à l'information par défilement rapide de nouvelles sans lien les unes avec les autres et par choix d'images souvent saisissantes. Largement déterminées par ces facteurs à influence croissante, les pratiques journalistiques se modifient en dépit des résistances de nombreux professionnels inquiets.

* Article paru dans la revue « *Les cahiers du journalisme* », n° 1, Ecole Supérieure de Journalisme, Lille, 1996.

Enjeu central de la régulation démocratique, le système d'information est à interroger dans son rapport à ses nouvelles logiques structurantes mais aussi, et sans doute plus fondamentalement, dans les effets de sens qu'elles induisent. Non immédiatement perceptibles, ces derniers impriment une marque durable et participent d'une redéfinition généralisée des formes proposées pour informer. Attentif au primat économique, le chercheur ne peut oublier les autres problèmes soulevés par la restructuration en cours. Interroger la production langagière du journaliste dans son rapport avec la réalité est essentiel tant il est vrai que le produit informatif se définit à l'occasion de choix pour représenter le réel par du discours.

Les pratiques d'interpellation

L'accroche : l'info-marchandise

Travail de réécriture et de reformulation, l'activité du journaliste est par nature un travail sur les formes. De la dépêche d'agence livrée avec la formulation la plus économe possible à la rédaction finale du journaliste s'opère une série de transformations. Selon l'économie à laquelle elle est soumise, deux grandes tendances se dégagent. L'une, classique, porte la marque de la singularité qui caractérise les "grandes signatures", l'autre, en progression, tend à l'uniformisation. L'évolution récente pousse à la réduction des différences, la singularité et l'originalité s'accommodant mal de la production de masse et de la concurrence acharnée au sein du champ médiatique. De plus en plus conçu comme une marchandise, le produit journalistique perd en valeur ajoutée dès lors qu'il n'est plus indissociable d'un projet culturel. Le travail d'écriture du journaliste est alors redéfini dans une perspective de moindre risque pour laquelle l'application de recettes semble la meilleure garantie. Les principes en oeuvre dans l'univers publicitaire deviennent la référence. Considéré comme un chaland ordinaire, le lecteur ou le téléspectateur devient la "cible" d'une interpellation. L'espace d'action du journaliste est délimité par cette perspective. Retenir l'attention du public à tout prix prend force de loi dans le nouveau code professionnel. Le développement de procédés d'accroche de plus en plus emphatiques en découle : les présentoirs des kiosques à journaux mêlent des titres où la déclinaison exhibitionniste tient lieu de credo informationnel et les annonces d'émissions à la radio ou à la télévision jouent d'effets intonatifs grandiloquents à la limite de la caricature. Le formatage en cours semble s'aligner sur les "ficelles" éprouvées de la presse populaire. Les gros effets ont la portée la plus large.

La mise en scène dramaturgique : l'info masquée

Outre ces pratiques voyantes et peu élaborées, d'autres se développent de manière plus complexe en référence aux grandes catégories du discours. Universaux de la communication humaine, le récit et l'argumentation sont à leur tour revisités pour donner plus d'efficacité à la recherche d'audience. La mise en récit de l'information n'est évidemment pas une nouveauté mais l'usage qui en est fait à l'heure actuelle systématise les effets de type interpellatif : le narratif dans le journalisme contemporain se confond avec sa mise en scène dramaturgique. Révélateur de ce nouveau mode d'énonciation, le rapprochement spatial et temporel permis par les nouvelles technologies est exploité dans des dispositifs qui ont pour seule fin de donner au public l'illusion de participer au déroulement des événements. Le direct et le continu, dans ce contexte, sont devenus des modalités énonciatives très appropriées pour répondre à l'impératif de la dramatisation. La *Cinq*, citée au moment de la guerre du Golfe comme exemple de chaîne qui privilégie l'information, apparaît comme emblématique de la "néo-télévision" en cours d'émergence. Ses sollicitations constantes et la plus grande ouverture de son antenne n'assurent pas pour autant la garantie de l'information. Les pratiques journalistiques actuelles deviennent prisonnières de ce paradoxe. D'un côté, il est indéniable que la possibilité d'informer largement le public est plus réelle que jamais grâce aux facilités techniques et aux formes d'ouverture nouvelles de l'espace public, de l'autre, il reste de grandes parts d'ombre qui appellent explication. Les événements internationaux majeurs survenus à la croisée des deux dernières décennies du siècle rappellent de manière vive que l'information est enjeu de pouvoir. La hiérarchie implicite des événements établie par les décideurs politiques ou militaires a ses effets sur la transparence de l'information voire sur la possibilité de sa mise à jour. La censure de l'Etat major américain ou les manipulations des successeurs de Ceaucescu ne sont pas des épiphénomènes. La meilleure visibilité informative de la société contemporaine est une donnée qui renvoie d'autant aux exigences professionnelles classiques du journaliste. Le direct et le continu utilisés essentiellement à des fins de captation de l'attention masquent l'amont de la chaîne informationnelle. Le dispositif dont ils constituent la clé de voûte conduit souvent à faire l'impasse sur l'origine et la fiabilité des sources : le mouvement de fuite en avant ne fait pas bon ménage avec le recul réflexif. L'importance du choix énonciatif apparaît alors essentiel. Les effets dramaturgiques intensément développés à l'occasion des "couvertures" en direct et en continu renforcent la tendance. La diffusion de l'information n'apparaît plus comme la conclusion d'un processus. Le discours fondé sur l'appel constant aux ressorts émotifs accrédite une vision de la réalité telle que la proposent en amont les détenteurs des différents pouvoirs. L'enjeu sous-jacent aux nouvelles pratiques journalistiques concerne la régulation démocratique dans la société à un moment où les flux informatifs tiennent une place de plus en plus marquante. La leçon des événements récents est de première importance car à travers les cas d'école qui habitent encore l'esprit de beaucoup, le choix reste à faire entre une position d'acceptation, même prudente, d'une information fondée sur l'illusion sensible et une position où elle s'inscrit au coeur du procès social et des rapports de force entre les différents acteurs. Mieux comprise dans ses déterminations économiques, la transition en cours doit aussi être placée sous le regard critique du citoyen. La réception active constitue le contre-pouvoir nécessaire.

Les pratiques narratives

L'effet de grille : l'info-série

La dramatisation des événements s'accompagne souvent de techniques narratives empruntées à d'autres genres que l'information. La prédominance de la télévision à l'ère de la communication de masse a une incidence modélisante. "L'effet de grille" tend à uniformiser la conception des programmes en la rapportant à quelques principes éprouvés. Le modèle inspiré des scénari de feuilletons à l'américaine a laissé son empreinte ces dernières années dans de nombreux domaines de la production télévisuelle. L'information est ainsi revue dans sa manière d'être dite ou écrite. Présentée de plus en plus couramment sous la forme de feuilleton à épisodes, elle privilégie le ressort de la curiosité, réactivée au jour le jour. Chaque été donne lieu à des déclinaisons rocambolesques autour de personnages typés. Avec un héros bravache et insaisissable comme Bernard Tapie ou un héros justicier comme Charles Pasqua, le public est entraîné dans une série d'intrigues suffisamment emmêlées pour pouvoir nourrir la chronique au temps creux de la période estivale. Les épisodes se succèdent dans une similitude confondante sur l'ensemble des médias. Ils livrent leur dose quotidienne de vraie ou de fausse révélation, sans que le public soit à même d'en décider puisque la machinerie narrative prend le dessus sur toute autre préoccupation. Dès lors, le régime d'action devient le régime de visibilité de la réalité. Tantôt, la narration fait suivre les pérégrinations des différents protagonistes à travers les traces électroniques de leur passage sur une autoroute, la carte de paiement automatique faisant foi, tantôt elle attribue des rôles, les bons et les méchants, et justifie les destinées de chacun sur la base de propos officiels protégés par le secret d'Etat. La scénarisation d'une présentation réduite aux soubresauts de l'action calquée sur des canevas conventionnels occulte la signification de l'information. Derrière les phares du feuilleton, la réalité du problème posé n'est plus visible. Le traitement sous forme de fait divers excitant annihile pour partie la capacité d'exigence que requiert autant l'acte d'informer que celui de s'informer. Pour en rester aux seuls exemples évoqués, ce choix énonciatif brouille la portée des événements à l'occasion de faits qui posent des questions aussi essentielles que les rapports entre l'homme politique et la magistrature ou la détermination d'une politique face aux violences perpétrées au nom de l'intégrisme religieux. La procédure informative rendue à un fonctionnement moins centré sur les effets spectaculaires permettrait d'éviter de valider, volontairement ou non, les plans de communication d'hommes reconnus comme d'agiles utilisateurs des médias.

Portraits et sondages : l'info pré-pensée

La forme narrative, généralement retenue pour présenter l'information, fonde le contrat entre le journaliste et son public. Répondant à une des motivations premières au besoin de s'informer, elle propose une entrée attractive et une procédure de connaissance simple parce que pratiquée par tous dans la vie quotidienne. La fonction de contact est évidemment essentielle puisque l'information n'existe que dans le cadre d'une transaction. Une fois reconnue et satisfaite cette exigence première du métier, la relation entre la forme et le contenu reste à interroger. Par nature, le récit se prête à l'habillage verbal et à la distorsion du réel, l'imaginaire individuel et collectif donnant caution de vraisemblance à ce qui ne peut être que construction fictive. Une des difficultés de la pratique journalistique tient dans cette tension constante entre deux pôles parfois éloignés : faire plaisir et dire vrai. Sous la pression de la concurrence et de la rapidité imposée par les nouvelles possibilités techniques, le journaliste élabore son discours selon des modalités qui ne vont pas sans risques. Pris par l'urgence, il lui est difficile de ne pas céder aux facilités tranquillisantes des schémas de pensée pré-établis et de ne pas mouler son écriture sur les catégorisations dominantes dans son ère culturelle. Plusieurs exemples édifiants de ces dernières années illustrent cette dérive conduite de manière souvent inconsciente par les intéressés. Essentiel pour le récit, et encore plus s'il s'agit d'un récit sur l'évolution du monde, le portrait est présenté comme un condensé de prêt-à-penser. La stigmatisation par la presse de personnages comme Saddam Hussein ou comme Milosevic cache derrière l'apparence d'une évidence une position politique qui n'est pas détachée des intérêts partisans des puissances occidentales. En participant à la procédure de diabolisation, le journaliste restitue un seul aspect de la réalité et se fait messager de la parole instituée. Avec des formes différentes, le même phénomène s'observe dans la manière de traiter l'actualité politique dans les pays développés. Reprenant en écho les multiples sondages sur les candidats en compétition pour la reconnaissance publique, le journaliste court le risque de n'être plus que l'auxiliaire ou l'adjuvant nécessaire dans le récit de la prise de pouvoir. Une fois encore, l'argument commercial influence la manière d'écrire la réalité. Le sondage, reconnu comme force de vente efficace, devient une arme systématique employée sans discernement dans la compétition entre médias. Le primat de la logique marchande a ainsi pour effet d'imposer une modalité de lecture du monde unique, présentée comme vérité objective puisque fondée sur des données chiffrées. Erigée en nouveau canon pour la couverture du politique, cette pratique maintenant légitimée par la grande majorité des journalistes participe à la redéfinition des règles du débat public. Laissant croire à une rationalité objective dans le domaine de la saisie des opinions, elle masque les opérations de classement et de sélection qui sont en amont. Brevetée par l'évidence instrumentale, elle tend à remplacer le jeu du questionnement et de la mise en perspective des idées par le suivi inlassable de la compétition entre dirigeants de partis ou entre "présidentiables". Propice, certes, au scénario accrocheur du feuilleton populaire, elle a des effets de plus en plus dévastateurs sur les attentes du public relativement à l'échange politique. La logique du marketing répond à des préoccupations de court terme. Son transfert dans le champ de l'expression citoyenne est invalidé par les limites de son horizon tout autant que par ses finalités exclusivement matérielles. Le discours de l'information résulte d'un choix préalable entre l'un de ces deux modèles : la structuration discursive est aussi une vision du monde.

Les pratiques argumentatives

La production journalistique repose sur un certain nombre de savoir-faire opératoires. Conçus pour répondre aux exigences quotidiennes du métier et pour satisfaire la demande supposée du public, ils répondent à des critères assurant la facilité d'écriture en même temps que la facilité de la lecture. Ce souci s'explique et se justifie par sa raison d'être pratique. Dans une perspective au jour le jour, il semble aller de soi que le formatage de l'écriture ou de la parole sur des modèles simplifiés est pertinent pour assurer la pérennité d'un système contraint par la régularité de sa production et nourri la plupart du temps d'urgence, d'inattendu et d'éphémère. Mais, le produit du journaliste a une portée plus large que ce qu'il donne à voir au quotidien. Par la récurrence des formes qu'il adopte et qu'il met en circulation dans la société, il définit un cadre de lecture de la réalité et légitime implicitement son régime de lisibilité. Les émissions d'échange argumentatif à la télévision illustrent parfaitement ce mode de fonctionnement et d'imposition douce caractéristique des sociétés libérales développées.

Le jeu des questions-réponses : l'info de l'implicite

Les formes usuelles de la parole politique participent de rituels à forte valeur symbolique. Une rétrospective rapide sur l'évolution des genres depuis le début de la V République montre la montée progressive des formes dialogiques de préférence au monologue. L'allocution, pour être acceptée désormais, doit s'effectuer dans des situations exceptionnelles où la gravité des propos du chef de l'Etat justifie son ton solennel. Forme autrefois courante de l'expression des dirigeants, elle est devenue maintenant une parole associée à des temps de crise majeure comme l'engagement dans la guerre du Golfe l'a récemment montré. Suspectée, non sans raison, de traduire la relation autoritaire du dirigeant avec les citoyens, la parole unique laisse place à l'échange et à l'expression ouverte à la discussion. Le changement du dispositif énonciatif accompagne la mutation des valeurs collectives et des comportements individuels dans les instances de vie quotidienne. La modification du rapport à la relation hiérarchique dans la famille ou dans le travail et l'élévation du niveau des connaissances pour une grande partie de la population ont à l'évidence influencé la redéfinition de la transaction politique. La forme canonique est donc maintenant le jeu des questions et des réponses avec des variations de dispositifs dans les grands magazines télévisés. Unanimement légitimé, ce choix prête néanmoins à discussion. La ritualisation qui l'accompagne tend à figer les rôles alloués aux principaux acteurs en présence et, par voie de conséquence, à ceux qui les regardent et les écoutent. Toujours en position d'avoir à répondre, l'homme politique se doit de composer avec la situation où il est placé. Qu'il sache ou qu'il ne sache pas, il est sommé de parler. L'artifice du cadre de relation porte en germe les dérives rhétoriques qui déconnectent le discours de la réalité. Evaluée à l'aune des performances économiques et perçue de toute manière dans ses effets au quotidien, la parole politique se trouve ainsi potentiellement déstabilisée et perd de son crédit dès lors qu'elle tourne à vide. Les titres des grands rendez-vous ont valeur emblématique. *"L'heure de vérité"* ou *"Le grand jury RTL-le Monde"* définissent par leur formulation même un horizon d'attente en réponse implicite à des croyances plus ou moins partagées. Soumettre le dirigeant politique à l'épreuve de l'heure de vérité est une intention louable de la part du journaliste mais elle laisse planer, en écho à la méfiance populaire, le doute *a priori* sur la relation entre politique et vérité. De plus, si le temps proposé correspond au format d'une émission de télévision, il ne correspond pas au temps de la réflexion et de la décision politique : l'homologie est trompeuse. Les titres ont des effets de sens différents de ceux sans doute prévus par les concepteurs des magazines dans la mesure où ils renvoient à des références patrimoniales pour le public. Le syntagme : "le grand jury" évoque plusieurs univers. Chacun d'entre eux indique la voie d'un parcours signifiant. La connotation judiciaire qui semble la plus immédiate interpelle la parole politique dans le cadre d'un échange où elle a à se justifier. Légitime dans la perspective de la transparence démocratique, cette pratique laisse pourtant planer un doute. Dès lors qu'elle est mise en examen, la classe politique risque de ne guère pouvoir bénéficier de la présomption d'innocence : l'habitus français dans le domaine inciterait à la prudence. Caractéristique de la hiérarchie en usage dans un pays qui se veut par ailleurs porteur des valeurs égalitaires, "Le grand jury" renvoie aussi à la culture des grandes Ecoles : il n'y a pas loin du "grand oral" du concours de l'*ENA*. Une des publicités de "*L'heure de vérité*" jouait d'ailleurs de cette référence pour s'auto-légitimer. La boucle est ainsi constituée que la politique censée être l'affaire de tous se réduit à un exercice formel où se retrouvent côte à côte les "bêtes à concours" de la Haute Administration et la "botte" des journalistes parisiens. La procédure de constitution du sens mérite donc réflexion de la part de tous les acteurs impliqués dans le débat public.

La portée des pratiques journalistiques ne se limite pas aux habiletés professionnelles nécessaires pour répondre à l'urgence des tâches quotidiennes. Leur dimension réelle est d'ordre symbolique. Les mots choisis et les modes de discours privilégiés dans l'instant ont des effets à plus long terme. Soumis à la grille d'interprétation du public, ils sont décodés sur la base des valeurs et des références propres aux univers d'appartenance de chacun des groupes qui le composent. Par la visibilité qui est sienne et qui donne poids à sa parole, le journaliste assure une responsabilité considérable dans la régulation de l'espace public.

Sa tâche n'est pas simple dès lors que, médiateur, il restitue les propos des uns à l'intention des autres. Conforté très souvent aux formes élaborées de la communication des différentes instances de pouvoir, sa capacité de discernement risque d'être restreinte. L'objectif politique, qui ne peut s'afficher trop ouvertement, se cache sous des mots apparemment neutres. Leur mise en réseau progressive finit par lui donner une forme de validation naturelle. L'approche sécuritaire, ces dernières années, s'est ainsi imposée progressivement à une majorité de gens habitués à écouter des informations qui associaient en réseau "le casseur", "la banlieue", "la drogue" et "les jeunes immigrés". Le choix lexical participe à la définition de l'idéologie dominante dans la société. Les désignations de métier constituent à cet égard un reflet impitoyable de l'ordre hiérarchique des valeurs. En période d'irrésistible ascension du libéralisme économique, le classement terminologique traduit sans nuance le palmarès social. Certaines fonctions professionnelles sont évoquées de manière systématiquement dévalorisante -le juge ou le professeur n'ont droit de cité que dans des syntagmes figés qui les réduisent au rang de "petit juge" ou de "petit prof". Enoncées sous la forme de l'évidence, ces désignations disqualifiantes ne résistent pas à la réalité de la vie sociale. Réduit implicitement au rôle du phraseur et de l'ennuyeur, le "petit prof" se transmue en "professeur agrégé" de telle ou telle discipline médicale ou scientifique dès lors qu'il est fait appel à lui comme expert à la télévision et, les récits des misères des"grands patrons" avec les "petits juges" prennent peu à peu la forme d'un affrontement de pouvoir à pouvoir, le judiciaire reprenant place honorable.

Le formatage : l'info peau de chagrin

Le choix du lexique et l'usage des genres discursifs en référence à une stratégie énonciative participent de manière déterminante à la construction du sens social. Mais l'effet récurrent de leurs manifestations au jour le jour les impose comme allant de soi ou comme reflet du "bon sens" populaire et gomme insidieusement les procédures de sélection préalables. Il en va de même en ce qui concerne le formatage de la parole à la télévision. Donnée comme une composante essentielle de l'espace public contemporain, la sphère télévisuelle est rendue prisonnière de règles présentées comme inhérentes aux particularités du médium. Insidieusement, de la recommandation à l'édiction normative, se définit un cadrage énonciatif extrêmement prégnant. La stigmatisation répétée du "tunnel" ou de la "langue de bois" conduit naturellement à privilégier le babil de l'animateur au détriment de l'élaboration du raisonnement et la pseudo-évidence du "français fondamental" plutôt que la nécessaire précision des mots. La faillite de la parole politique ou de l'expression des intellectuels est sans doute à resituer dans ce contexte où la crainte inspirée par le téléspecteur-zappeur, en période où s'affichent les courbes d'audience comparées, fait pression pour redéfinir les dispositifs de prise de parole sur des bases minimales. En quelques années, ce sont ainsi les conditions traditionnellement reconnues comme nécessaires à l'expression des idées qui risquent de se trouver mises à l'écart. Le formatage de la parole ne va pas sans porter atteinte au contenu échangé. L'enjeu est d'importance car ces pratiques plus ou moins imposées aux acteurs sociaux participent d'un modèle de communication qui réduit la liberté réelle d'expression.

Logique marchande et logique citoyenne

De plus en plus déterminées par les impératifs de la logique marchande, les pratiques journalistiques gagnent à être mises en perspective sous l'angle de l'exigence citoyenne. Même s'il va de soi que les pressions du travail au quotidien tendent à restreindre les possibilités de donner acte à cette volonté partagée maintenant par de nombreux journalistes, il demeure nécessaire de poursuivre en commun la réflexion autour de cette problématique essentielle pour l'équilibre démocratique. Pour l'aborder, il convient de se dégager du brouhaha conjoncturel et de penser en terme structurel.

Informer représente une fonction essentielle au sein du processus de la délibération publique. Si l'accord sur le principe semble unanime, il reste à examiner les conditions effectives de sa réalisation. Dans une société qui a du mal à retrouver ses assises sous les effets conjugués d'une évolution technologique exponentielle et du pouvoir maintenant sans limites de l'économie monétariste, l'acte journalistique est devenu un exercice périlleux. Contraint par l'urgence de la production et par les attentes engendrées par l'accélération de la technique, le journaliste se voit très souvent limité dans ses possibilités d'investigation. A n'y prendre garde, la réalité qu'il restitue perd en validité. Se faisant le miroir des représentations dominantes ou cédant à la logique spectatorielle qui préside dans l'audiovisuel, il nourrit le scepticisme populaire et donne argument pour remettre en cause le contrat de confiance à la base de l'échange informatif. Mimant par ailleurs de plus en plus le modèle de la publicité qui privilégie l'interpellation et les accroches émotives, certaines de ses pratiques brouillent les repères et génèrent la confusion. Au moment où le pouvoir politique est questionné dans ses us et coutumes et alors que les juges tiennent le devant de la scène publique, l'exigence de rigueur dans l'information doit prévaloir. Elle ne peut véritablement le faire, par-delà les bonnes paroles de principe, qu'à la condition de s'en tenir aux limites de sa sphère professionnelle. La démocratie est oeuvre collective, elle s'élabore au quotidien avec des acteurs sociaux au rôle clairement défini. Le mélange des genres dans ce domaine est risqué : la séparation des pouvoirs théorisée par Montesquieu est un impératif à actualiser. L'information est une fonction essentielle du processus démocratique, elle doit rester indépendante de l'action du décideur, du législateur et du juge. A cette fin, la logique citoyenne est la seule à offrir les garanties nécessaires.

Ramené à sa dimension organique et à sa finalité sociale, l'acte informatif est à penser en rapport avec la complexité du monde contemporain. Dans une période de mutation généralisée marquée par la mondialisation et la globalisation de l'économie, par des migrations sans égal de population des pays pauvres vers les pays riches ouvrant à la multiculturalité et au métissage dans les grandes métropoles autant que par la redéfinition des entités territoriales et des relations entre l'international, le national et le régional ou encore par la redistribution entre temps de travail et temps de loisir, le premier impératif est de réfléchir aux problèmes liés à la méthodologie d'approche de ces phénomènes complexes. Pas plus que l'intellectuel ou le politicien, le journaliste ne peut faire l'économie d'une remise en cause de ses habitudes de pensée. Il n'y a pas d'évidence à ce stade, mais on peut prendre le risque d'avancer quelques principes opératoires. L'information de masse suppose souvent la simplification des problèmes et contribue à donner une vision du monde réduite et décalée par rapport à la réalité vécue par le public. Les effets des mutations évoquées précédemment relèvent d'une forme d'incertitude liée à leur nouveauté et à leur action déstabilisante pour un ensemble structuré sur des bases qui se révèlent dépassées. L'introduction de la *notion d'indétermination* au coeur de nombreux problèmes abordés quotidiennement dans les informations devient une nécessité méthodologique. Loin d'engendrer la confusion ou l'incompréhension, cette nouvelle pratique permettrait de distinguer entre le factuel et le processus qui conduit à sa naissance, entre le temps court et le temps qui préside au changement. Le même objectif pour assurer les conditions d'une meilleure compréhension rend indispensable d'ouvrir *l'espace des points de vue* trop souvent restreint à une connivence entre "intellectuels médiatiques" et journalistes issus du même cercle. La difficulté à rendre compte de phénomènes majeurs comme l'exclusion plaide en ce sens. La rapidité et l'ampleur des mutations en cours appelle en retour un nouveau discours de la méthode.

POLYMORPHIE
DE LA REPRÉSENTATION POLITIQUE
DANS LES MÉDIAS RÉUNIONNAIS*

Par sa vocation à être le lieu de résonance des préoccupations et des attentes de la population, le territoire local est un espace privilégié d'observation pour le chercheur préoccupé de sociopolitique. Les nombreux travaux menés dans ce champ interrogent la place nouvelle qu'il occupe aux plans politique, économique et culturel (Boure, 1990 ; Pailliart, 1993).

L'élection du Président du Conseil Général de la Réunion et sa couverture médiatique constituent un objet d'étude intéressant dans cette perspective. Au moment où l'échange politique se resserre sur des exigences plus concrètes et plus immédiates, le département constitue une entité de proximité avec ses élus en contact direct avec la population et ses décisions aux effets immédiatement visibles. La Réunion, caractérisée par son insularité, par son appartenance à la nation française bien qu'éloignée du continent européen et par un développement économique encore restreint, constitue une entité de référence forte dans laquelle se retrouve une population d'origine diversifiée. Comme pour les autres régions et, sans doute de manière plus accentuée, elle porte trace des repères collectifs marqués au sceau des habitudes de vie, des traditions culturelles et des valeurs identitaires. Toutefois, ce rôle unificateur du territoire de proximité ne s'établit pas de la même manière partout et son pouvoir est confronté aux évolutions de l'économie ou de la technique, facteurs potentiels de déstabilisation pour les équilibres établis de la société. La

* Article paru dans la revue « Etudes de communication », n° 17, Université Lille III, 1996.

Réunion, à cet égard, est un territoire en pleine dynamique. L'enseignement de masse jusqu'au lycée, le développement de la vie urbaine ou l'apparition des médias pluralistes sont des réalités récentes qui ont commencé à bouleverser les modes de relation traditionnels essentiellement fondés sur l'interconnaissance et sur la vie communautaire (Simonin, 1994 ; Wolf, 1992). La finalité de l'étude est d'interroger cette situation ambivalente avec les tensions qu'elle suscite et les redéfinitions qu'elle opère. L'intérêt de l'exemple est d'avoir valeur emblématique.

Centré sur la couverture médiatique de l'élection, ce travail s'appuie sur des analyses de discours. Du corpus exhaustif établi sur toute la période de l'élection du Président du Conseil Général, il ne sera retenu que le "pic" de l'élection à travers son traitement à la télévision (*RFO*), dans la presse quotidienne (*le Quotidien, le Réunionnais, le Journal de l'île*) et dans le magazine de télévision *Télé 7*. A cette première sélection s'en ajoute une autre relative au choix des unités de discours et des postures énonciatives. Avec une attention particulière portée aux genres journalistiques où le travail du médiateur est explicite (éditorial, commentaire et portrait), l'étude développe une vision constructiviste des médias. Acteur au sens plein du terme, le journaliste contribue à l'élaboration des représentations collectives et exerce une influence dans la sphère publique. La place qui est sienne par rapport aux autres acteurs sociaux, les dispositifs de circulation de la parole qu'il privilégie, les thèmes qu'il valorise et les références qui leur donnent sens sont révélés par son positionnement énonciatif. L'usage récurrent de certaines formes comme le discours rapporté ou la comparaison contribue à valider des notions empruntées et porte témoignage d'un engagement qu'il reste à interroger dans sa nature et sa signification réelle.

Ce travail socio-politique fondé sur l'analyse de discours en production prend toute sa dimension par référence à d'autres cas étudiés dans des contextes différents (Mouchon, 1995). Il vise à comprendre un modèle nouveau en gestation et non à décrire des données empiriques pour elles-mêmes. Relativement à une réalité très évolutive et aux particularités singulières, l'approche comparative et la perspective modélisante fondent une posture de recherche ouverte à la combinatoire pour rendre compte de la complexité de son objet.

Un espace public émergent et ambivalent

Les études sur l'espace public se réfèrent majoritairement aux pays économiquement développés et inscrits dans une tradition démocratique. Marquées par la culture de l'Occident, leur champ est balisé par des repères historiques convenus. La Grèce antique avec l'agora ou l'Europe du XVIII siècle avec la philosophie des Lumières servent communément de source au raisonnement. Légitime dans une perspective comparée et diachronique, la démarche se limite souvent à restituer une histoire illustrée à base d'images d'Epinal. L'espace public est pensé comme un idéal-type, la participation des citoyens à la vie de la cité est donnée comme évidente et le primat de la raison assurerait la réussite de la délibération collective. Pris comme référence imaginaire, le modèle sert de justification à la dénonciation des perversions ultérieures : le principe de publicité se transforme en publicité sans principe. Plusieurs enseignements se dégagent à partir de ce postulat idéaliste et de cette vision simplificatrice. L'espace public n'est pas une entité abstraite indépendante d'un contexte historique, politique, économique et social. Loin donc d'être fixé dans des règles durablement établies, il reflète les mouvements de la société. Les luttes des acteurs sociaux pour se faire entendre et reconnaître, les dispositifs mis en place par les décideurs pour assurer la pérennité du pouvoir, les transformations provoquées par les découvertes scientifiques et leurs retombées technologiques sont autant d'éléments à prendre en compte dans leur diversité et dans leur évolution. Le rejet du modèle idéaliste pousse à raisonner à partir de données précises à la fois matérielles et symboliques et incite à prendre en compte le contexte dans sa spécificité. La centration quasi exclusive sur la réalité occidentale, de l'Europe et de l'Amérique du Nord, constitue un avantage et un handicap. L'avantage consiste à avoir en ligne de mire un système constitué, repérable à travers sa progression historique et sa reprise d'un pays à l'autre malgré quelques variantes. L'inconvénient est de faire de ce système le système de référence universel en ignorant les particularités historiques et les idiosyncrasies culturelles. Il est alors utile de se rappeler que l'espace public en tant que construction conceptuelle s'appuie sur des notions opératoires dans un contexte donné. La pertinence d'oppositions souvent reprises comme privé-public ou comme local-national est à questionner quand la référence de l'analyse change : il en est ainsi lors du passage de la France métropolitaine à la Réunion.

Région et département français, la Réunion est un territoire qui se distingue évidemment de ses équivalents métropolitains par son histoire coloniale, par la composition de sa population aux origines et aux cultures variées et par la faiblesse de son développement économique. Il en résulte une société longtemps marquée par la dominante rurale, par un faible revenu et par un niveau de scolarisation insuffisant. Pendant cette période relativement récente, la situation de l'information se résume à un canal unique et à une seule voix, celle du gouvernement. Déjà victime de son passé fortement prégnant au plan économique et de sa position géographique caractérisée par l'insularité et l'éloignement, la Réunion ne dispose pas d'une information qui l'ouvre sur le monde. Territoire largement fermé sur lui-même, elle vit avec le rythme et l'espace propres à la sociabilité traditionnelle. La communication s'établit sur la base de l'interconnaissance, dans les limites d'un espace de proximité et dans le respect des coutumes communautaires. Les conditions d'émergence d'un espace public local n'existent pas : l'orientation de l'information vient de Paris, elle n'a pas à être discutée. La situation aurait pu perdurer si des facteurs de changement n'étaient brutalement apparus. L'évolution technologique avec les potentialités offertes par le câble et le satellite et la vague du libéralisme qui introduit la dérèglementation dans le paysage audiovisuel mondial rendent d'un coup caduque toute politique de fermeture et de monopole. L'ouverture se traduit rapidement, parfois avant même l'attribution officielle d'une fréquence. L'exemple de la création illégale de *Freedom* et de son fonctionnement comme tribune ouverte aux doléances de la population au début des années quatre-vingt dix porte un témoignage fort et symbolique sur la mutation qui s'amorce. Son initiateur et animateur, Camille Sudre, devient à l'occasion un personnage public incontournable au point de devenir Président du Conseil Régional avant de se voir invalidé pour abus d'antenne pendant la campagne électorale. Son aventure politique ne s'arrête pas pour autant puisque dirigeant la radio du même nom il prend des positions publiques au nom de la défense des intérêts des "freedomiens". En un temps très court, les médias réunionnais se multiplient au point de composer un ensemble réellement diversifié dans la forme et dans les contenus. Ce changement structurel est encore trop récent pour pouvoir en prendre toute la mesure au plan de la délibération politique. Il reste qu'un espace d'informations plurielles s'est ouvert et qu'il peut -au moins potentiellement- inciter les acteurs sociaux à y prendre place.

Le modèle ternaire : politiques-médiateurs-opinion publique

L'idée d'observer la couverture médiatique de l'élection du Président du Conseil Général est largement motivée par cette problématique. Quel rôle les journalistes se définissent-ils dans cette situation nouvelle ? Comment positionnent-ils leurs pratiques professionnelles face à l'ambivalence culturelle de la Réunion ancrée dans ses traditions d'origine et tournée en même temps vers le modèle libéral qui ne cache pas ses ambitions monopolistiques ?

Les marqueurs énonciatifs

Le résultat de l'élection est traité longuement dans la presse écrite du 5 avril 1994. Sélectionné comme "l'événement" du jour par le "*Réunionnais*" et par le "*Quotidien*", il occupe la majeure partie de l'espace éditorial de ces deux journaux. Sa présentation s'effectue à travers des rubriques variées correspondant à autant d'angles de regard. Le récit «événementiel des circonstances de l'élection constitue le noyau informatif. Sur cette base dont le contenu pourrait s'énoncer sous la forme simplifiée d'une annonce d'agence, les journalistes effectuent un double travail de mise en perspective : l'une relevant de la dramaturgie, l'autre du commentaire. Des pages entières sont consacrées tour à tour à « l'ambiance », aux « échos », aux réactions et au portrait du nouvel élu. Le traitement journalistique se repère d'abord dans cette composition scénaristique. Il se traduit également au plan des contenus. Les éditoriaux et les commentaires, nombreux en cette occasion et dans la mesure où ils sont signés par leurs auteurs, sont de précieux indicateurs pour comprendre la manière dont le journaliste se positionne dans l'espace public. A la lecture, deux opérations linguistiques apparaissent de manière récurrente :

L'emprunt de syntagmes figés

leur appartenance à une même classe apparaît dès qu'on les rassemble sous forme de liste :

"l'énorme cote de popularité"

"le pourcentage d'opinions favorables"

"les présidentiables".

Issus de l'univers professionnel des Instituts de sondages, ces syntagmes relèvent à l'origine d'une définition empruntée aux techniques de mesure. L'usage qui en est fait hors de ce champ et de manière obstinément métaphorique ne correspond plus à ce registre. Privés en grande partie de leur sens, ils sont intégrés à un système d'argumentation construit par le commentateur politique : syntagmes figés, ils ne valent qu'en fonction de l'efficacité d'une opérationnalité supposée.

L'assimilation par comparaison

La comparaison lie systématiquement la Réunion à la France métropolitaine. Elle porte soit sur la symbolique politique :

"(une victoire) aussi porteuse d'espoirs que l'avait été celle de François Mitterrand en 1981"

soit sur les dirigeants :

"(une énorme cote de popularité) comme avant lui Pierre Lagourgue, Eric Boyer mais aussi François Mitterrand, puis Jacques Chirac en 86, Michel Rocard en 88 et plus récemment Edouard Balladur en 93"

soit sur les "affaires" juridico-politiques :

"comme il y eut en France le Carrefour du Développement, Urba Graco ou la Sormae, le Conseil Général est en passe d'en finir avec la billetterie et les transports scolaires de Saint-Leu".

Donnant souvent l'impression à l'arrivée d'un inventaire à la Prévert, cette opération est trop ordonnée et trop systématique pour être prise pour une fantaisie d'écriture. Elle est à interroger comme élément du construit journalistique.

Un modèle de référence externe

La communication politique dans les démocraties libérales s'organise autour d'un modèle ternaire (Wolton, 1989) qui fait place aux politiques, au public et aux journalistes. La co-présence de ces trois classes d'acteurs n'a rien de surprenant au regard de la transaction politique : ils en ont toujours été les pivots. La spécificité du modèle qui s'est imposé peu à peu réside dans la manière nouvelle dont les acteurs tiennent leur rôle et dans l'influence exercée par les contraintes externes. C'est ainsi que de plus en plus prégnant, le marketing contribue à fixer les règles "d'un nouveau jeu politique" (Champagne, 1990). La télévision, les sondages et les commentateurs sont institués de fait en pièces maîtresses du modèle tel qu'on le voit fonctionner depuis le début des années quatre-vingt lors de chaque élection nationale. Plusieurs conséquences en résultent mais deux d'entre elles sont essentielles. La première concerne le corps électoral, traité à l'exemple des consommateurs dans la logique marchande. Croyant réduire l'incertitude liée à son libre-arbitre et à son choix au moment du vote, on multiplie les sondages pour connaître ses motivations et ses attentes. D'un scrutin à l'autre, on en voit augmenter le nombre dans un mouvement de course folle qui ne s'explique qu'en termes de rivalité commerciale. Pris dans l'engrenage de la concurrence entre médias, les sondages sont avancés comme ressorts d'une dramaturgie montée pour accrocher le chaland. Plusieurs scrutins, en France et dans d'autres pays, sonnent comme des rappels à l'ordre avec la mise en évidence de l'échec massif des prévisions. Ils devraient permettre d'engager une réflexion sur le fonctionnement d'un système où le construit semble se substituer à la réalité. Les convictions et les adhésions des électeurs ne sont pas réductibles à des quantifications établies à partir de questions binaires : le citoyen demeure fondamentalement insondable. L'hégémonie du marketing politique a une deuxième conséquence liée à la précédente. Elle concerne la montée en puissance d'un nombre réduit de journalistes. En petit comité, ils se partagent les temps d'antenne d'une chaîne télévisée à l'autre, puis ils commentent voire s'auto-commentent dans des tribunes attribuées dans les radios ou dans les journaux. Personnalités retenues parce que reconnues, elles jouent un rôle décisif de légitimation du système fondé sur ce que d'aucuns appellent la démocratie d'opinion : leur horizon est délimité par les dernières livraisons des sondages. La professionnalisation du politique atteint ses limites.

Les journalistes réunionnais qui tiennent les rubriques analytiques, commentaires ou éditoriaux, écrivent leurs "papiers" en s'inspirant pour partie de leurs confrères métropolitains. Leur positionnement énonciatif leur donne un rôle d'acteur du changement dans la sphère publique de l'île. Les formules importées contribuent à introduire un nouveau cadre de présentation du politique et à diffuser les éléments d'une logique extérieure. Est-ce pour autant le déclenchement du processus décrit par Jacky Simonin quand il écrit : *"la Réunion est pénétrée de symboliques et de mythologies extra-locales qu'elle se réapproprie dans son espace social de communication"* ? A ce stade d'émergence de l'espace public, il semble prudent d'en rester au relevé d'indices.

Les signes de sociabilité traditionnelle

Le modèle de communication triangulaire prend distance avec la réalité immédiate. Fondé sur des connaissances chiffrées qui sont ensuite soumises à l'interprétation experte, il a vocation à s'intégrer dans la rhétorique du commentateur politique. En revanche, il est par nature incompatible avec la logique qui préside à la couverture événementielle. Les pages "ambiance", "échos", "réactions" répondent à une curiosité centrée sur les attentes du récepteur. C'est à partir de ce qui lui est familier, les lieux, les hommes, les codes d'alliances par exemple, que sa relation s'établit avec le journal écrit ou avec le journal télévisé. Une autre logique est mise en avant, celle de la proximité.

Le contrat de lecture

La presse quotidienne conserve plus facilement son lectorat dans les régions qu'au plan national. Plus proche des préoccupations de tous les jours, elle informe au plus près de la vie des gens. Miroir du quotidien, elle révèle aussi de manière aiguë les caractéristiques de la société appartenant à son aire de diffusion. La couverture événementielle de l'élection du président du Conseil Général s'appuie sur des connaissances pré-requises. Eléments du contrat qui lie le média à ses destinataires, elles sont déterminantes dans le travail du journaliste.

L'importance du visuel

Les pages des journaux du 5 avril abondent en images. Classique en pareille occasion, ce phénomène s'explique par la nécessité de faire connaître de nouveaux visages et pour rendre compte d'une atmosphère. Toutefois, la tendance ici est tellement marquée qu'elle appelle d'autres explications. Deux pages du Réunionnais intitulées "ambiance" et "images" frappent par leur mise en page. Composées à la manière d'un roman-photo, elles réduisent au maximum la place de la légende, imprimée par ailleurs en caractères si petits qu'elle devient difficilement lisible. Le trajet proposé est donc avant tout visuel. Le lien narratif, assuré par un système de flèches entre les photos, peut être décodé par tout type de lecteur, en particulier lorsqu'il s'agit de témoigner sur "un président unanimement félicité". Dans un premier temps il apparaît en plan d'ensemble puis, dans des vignettes successives, il est tour à tour entouré de ses partisans et de ses adversaires. Le contrat de proximité oblige à tenir compte de la variété des destinataires : du plus instruit à celui qui n'a pas pu fréquenter l'école.

Le lien par le créole

La construction de la proximité entre le média et son public passe aussi par le jeu des citations. Elles rendent le "sujet" plus vivant par la diversité des paroles restituées et par les points de vue qu'elles mettent en avant. Elles contribuent ainsi à donner l'impression qu'un espace d'interaction est ouvert et appellent la participation de chacun. Le choix de la langue, dans le contexte de mixité linguistique propre à la Réunion, contribue à instituer une relation d'autant plus forte qu'il touche à un des éléments d'identification essentiels pour la population. Le portrait du nouveau Président proposé dans *Télé 7* joue de cette alternance linguistique qui contribue à célébrer le lien social. D'abord en français :

"Ils ont toujours eu une excellente réputation, des gens honnêtes, intègres, toujours prêts à rendre service aux autres sans qu'on leur demande""

puis en créole :

"Lu té toujours en short. Lu té borde son vieux R8 sous l'pied d'tamarin, son béquille blanc té y fé rire à nous...""

L'émotion en politique

Le corps de l'homme politique de premier plan n'est pas assimilable au corps de l'homme ordinaire. Par un phénomène de sublimation des émotions observable dans l'histoire des démocraties, l'élu de la République entre ainsi en majesté. Se bâtissant "sur des interdits, se construisant par annulation d'actes, par neutralisation de parcours, par censures de gestes et de postures" (Veron, 1987), il semble fonder sa légitimité à gouverner la société en montrant qu'il sait d'abord gouverner son corps. L'illustration la plus récente et la plus exemplaire de cet implicite valorisant vient d'être donnée par le comportement de François Mitterrand. Face à l'évolution de sa maladie qui ne lui laisse pas de doute sur l'issue, il maintient une image de Président imperturbable et toujours apte à assumer sa fonction. Cette attitude s'applique au-delà de la sphère des plus hauts responsables de la nation. Ainsi en 1992, lors de la victoire de la droite aux élections cantonales du Nord après 55 ans de présidence socialiste, le nouveau Président parvient-il à réfréner une émotion pourtant compréhensible :

"*cet après-midi ... Jacques Donnay est arrivé la gorge sèche à la préfecture, puis il est monté à la tribune les yeux humides...*" (*la Voix du Nord*, 4 avril 1992).

A la Réunion, dans une situation équivalente, les images de télévision et les photos dans les journaux montrent une attitude de l'homme politique et une réaction de la population toute différentes. Parmi les moments forts de la journée du vote, les médias retiennent l'émotion extériorisée de Jean-Claude Fruteau, soutien du nouveau président, responsable de la Fédération socialiste et que l'on voit longuement pleurer en public dans l'enceinte du Palais de la Source. L'extériorisation du sentiment de l'homme politique ne connaît pas les bornes de la sphère privée et de la sphère publique. La coupure entre les deux mondes, justifiée par la volonté d'asseoir la légitimité du politique, se trouve en butte au naturel humain. De la même manière, les réactions explosives des militants de gauche dans l'enceinte du palais du Conseil Général, contrastent avec la règle du silence imposée à l'homme ordinaire dans les lieux réservés à la représentation publique.

L'ambivalence de l'espace public qui émerge à la Réunion traduit les tensions d'une société confrontée brutalement à des logiques extérieures pressantes. On retrouve la même situation que celle rencontrée dans d'autres champs : le développement économique, la scolarisation généralisée et ouverte à tous les niveaux d'enseignement ou la transformation de l'habitat. Chacun de ces secteurs est en évolution visible sans que l'on puisse prévoir ce qui va se passer à l'avenir. Les schémas classiques du raisonnement, établis à partir de l'exemple des pays développés et de leur histoire marquée par une évolution progressive, se révèlent inadaptés. La rencontre entre ces forces centrifuges et les traditions de vie et de culture peut difficilement s'opérer sans qu'affleurent des contradictions difficiles à surmonter. Des écarts risquent d'apparaître entre les générations : le désir et la capacité d'assimilation de la nouveauté ne sont pas les mêmes selon les âges. En ce qui concerne cependant le domaine de l'information et de la politique, l'ouverture à une plus grande transparence est immédiatement bénéfique.

Une symbolique politique élaborée et ambigue

Le domaine des médias n'est pas le seul à être affecté par une mutation rapide. A la même période, la justice ouvre les premiers dossiers impliquant des hommes politiques et des entrepreneurs de premier plan. Ce qui aurait pu passer pour de la malversation individuelle se révèle rapidement beaucoup plus préoccupant par sa nature quasi structurelle. Le cycle des "affaires" commence au niveau régional avant de s'étendre à l'ensemble du territoire national. Frappés de plein fouet, la politique et ses acteurs connaissent un discrédit proportionnel à la découverte de l'ampleur des phénomènes mis en lumière par les juges. Dans un tel contexte défavorable, au moment où le chômage atteint un chiffre record, la symbolique politique a besoin d'être reconsidérée. En contrepoint à l'image négative des professionnels de la vie publique, un nouvel argumentaire s'élabore et nourrit la plupart des campagnes électorales. Conçu pour reconquérir l'opinion publique, il privilégie les questions déontologiques et imprime au discours politique la marque des préoccupations quotidiennes des gens ordinaires. Ce mouvement, nécessaire pour restaurer un minimum de crédibilité symbolique, devrait s'accompagner d'un renouvellement significatif des acteurs. Dans les faits, il est freiné par la résistance des détenteurs de positions privilégiées et par la difficulté à renouveler rapidement un nombre important de responsables. C'est donc en son sein que le monde politique doit opérer le changement attendu par le public : avant de mettre en débat les programmes partisans, ses membres ont l'obligation de procéder à la restauration de son image dégradée.

Le nouveau Président du Conseil Général est arrivé...

Les hésitations de la gauche pour désigner son candidat et le refus de la droite de participer au premier scrutin s'inscrivent dans la tradition des pratiques politiciennes faites de rivalité entre les hommes et de tentatives de dévoiement au sein du camp adverse. Commencée sous ce registre, la couverture médiatique de l'élection évolue de manière radicale au point de se terminer par une description idyllique de la réalité. En phase avec la logique ambivalente qui anime les politiques, portés d'abord aux guerres intestines et se reprenant vite pour sauvegarder leur image auprès du public, elle participe du besoin de construire une mythologie collective unificatrice et salvatrice. Elu, le Président est présenté en homme providentiel. Le discours journalistique décline les vertus reconnues à sa qualité de personnage de recours :

"assurément un homme proche de la population, un homme honnête et intègre, un sudiste et des Hauts" (RFO).

Par touches successives se compose le portrait d'un responsable qui répond idéalement à une situation donnée. Aux raisons de la disqualification de l'homme politique à qui l'on reproche son ignorance de la réalité quotidienne, son implication dans les "affaires" ou encore son manque de simplicité, sont opposées les vertus d'un homme proche des gens ordinaires. Cette manière de construire par le discours un personnage presque parfait fait écho aux méthodes et à la logique du marketing politique. Le portrait semble commandé par les résultats d'une étude d'opinion, chaque trait esquissé répond à une attente précise. Le construit discursif a un caractère tellement systématique qu'il s'apparente à une opération de positionnement d'un produit sur un marché : la réalité politique est ostensiblement embellie pour être plus séduisante. La presse hebdomadaire, en particulier le magazine de télévision *Télé7*, multiplie les procédés d'accroche et d'identification. A la manière de *"Portraits à domicile"* le lecteur-citoyen est convié à découvrir les éléments de la vie domestique du nouveau Président. Chaque évocation a valeur édifiante, il en va ainsi du style de son mobilier :

"simple, solide, beau, entièrement fabriqué à Petite-Ile... son fauteuil aussi solide et rassurant que les grosses bibliothèques de son bureau"

ou de la manière dont est tenue sa maison :

"chez lui, tout est clair, net, ordonné. Le yab président n'aime pas le laisser- aller".

L'homme intègre, l'homme simple doté "d'une force tranquille", l'homme issu du Sud et des Hauts est composé en héros prêt à exorciser le mal qui ronge la politique. "Force qui va", il reste cependant dans son univers de composition symbolique et imaginaire.

L'ambiguïté identitaire

La majorité des acteurs sociaux se positionnent à plusieurs niveaux lorsqu'ils évoquent l'identité de la Réunion. Le relevé succint des occurrences permet de dégager des catégories à partir des différentes désignations.

Citée tantôt comme territoire géographique :

"avoir foi en notre île" (Christophe Payet)

"une recherche commune de solution aux problèmes de l'île" (*le Réunionnais*)

tantôt comme entité politico-administrative :

"faire progresser notre département" (Christophe Payet)

"se rassembler pour un idéal de développement de notre pays" (Christophe Payet)

la Réunion est l'objet de représentations au statut fluctuant. Touchant à des plans distincts, elles peuvent coexister dans le discours des mêmes hommes. Le point de vue rationnel, qui motive le positionnement politique, inscrit clairement l'identité réunionnaise dans le cadre d'un département français. L'option est moins claire lorsqu'il s'agit de propos marqués par l'affectivité. En parlant dans son discours d'investiture du « développement de notre pays », le nouveau Président ne commet pas un lapsus. Il exprime la difficulté d'un positionnement qui doit prendre en compte les multiples facettes d'une réalité complexe. Inscrite dans son histoire et justifiée par des raisons économiques, l'appartenance de la Réunion à la nation française n'est qu'une partie de la réalité car les écarts avec le modèle de référence marqué par l'esprit jacobin et par l'appartenance à l'Europe sont si importants qu'ils jouent comme force de repli et poussent à une vision plus autarcique.

La polymorphie de la représentation politique dans les médias réunionnais n'est pas à interpréter comme l'expression d'une défaillance des acteurs sociaux. La comparaison avec les modèles stabilisés qui prévalent dans les démocraties de longue tradition n'est pas valide si elle porte au jugement dévaluatif. Il s'agit plutôt de prendre comme objet de réflexion ce qui résiste à la rationalité cartésienne : la coexistence de valeurs et de références apparemment contradictoires, l'ambiguité et l'ambivalence comme signes d'une dynamique dont on ne connaît pas la portée sur le remodelage de la société. Dans cette perspective, La Réunion est à considérer comme un laboratoire particulièrement privilégié d'observation des phénomènes contemporains.

Deuxième partie

COMMUNICATION ET POLITIQUE

PRESENTATION

La médiatisation de la communication politique bouleverse l'expression politique contemporaine. Si de nouvelles formes se sont imposées et ont été différemment maîtrisées, elles témoignent avant tout d'un déplacement des logiques structurantes vers le champ du marketing (texte 1).

La télévision porte trace des tentatives pour reconfigurer les modèles de l'échange politique dans les sociétés libérales et médiatiques. Scène symbolique de la régulation sociale, elle exhibe les failles du système démocratique contemporain qui apparaissent dès lors qu'on porte attention à la place occupée par les différents acteurs sociaux dans l'espace public et aux modalités de leur rencontre (texte 2).

La transformation de l'énonciation politique atteste la montée de la contestation du modèle politique traditionnel fondé sur la parole impositive et la difficulté, dans les démocraties libérales, à faire revivre le modèle de la délibération publique. Sensible dans la communication présidentielle française de ces dernières années, cette évolution s'observe dans des émissions essentiellement « réactives » dont la seule finalité est la reconquête de l'opinion à la veille d'élections difficiles (texte 3).

MÉDIATISATION
DE LA COMMUNICATION POLITIQUE
ET LOGIQUES STRUCTURANTES*

La réflexion sur la communication politique, en cette fin des années quatre-vingt, rencontre nécessairement le support télévisuel. Longtemps considérée comme un moyen d'expression simpliste eu égard aux ressources argumentatives de l'écrit, la télévision est maintenant vécue sur le mode réaliste : mal nécessaire pour certains hommes politiques ou source du renouveau pour d'autres, elle s'impose par son efficacité et sa large zone d'action. Néanmoins, la maîtrise du support reste inégale et le développement du fait télévisuel dans l'expression politique est soumis à des influences extérieures à son champ. L'interaction entre facteurs internes et facteurs externes oblige le chercheur à raisonner en termes de logiques croisées et à élaborer une méthodologie plurivoque. L'analyse synchronique, centrée sur les données internes, apparaît trop limitative pour rendre compte d'un phénomène mouvant dont l'évolution ne semble pas achevée. La mise en perspective diachronique, limitée d'ailleurs à la décennie actuelle, paraît un moyen efficace pour mettre en évidence les tendances profondes et écarter les tentatives les plus éphémères.

L'éclairage variationniste suscite également la prise en compte des différences à un même moment du temps mais en des lieux distincts. L'émergence de nouvelles formes d'expression en politique affecte tous les pays développés avec, cependant, des différences marquées par la spécificité des habitudes culturelles. Ainsi, face à une mutation rapide, la saisie

* Article paru dans la revue « *Mots* », n° 20, Fondation Nationale des Sciences Politiques, Paris, 1989.

du sens se fera-t-elle d'abord en se dégageant du flux incessant des productions où la dernière apparue a tendance à devenir la référence. Travaillant sur la banque de données de la communication politique à la télévision durant ces dix dernières années, le chercheur, libéré de la prégnance de l'instant, peut procéder à des rapprochements, à des mises en relation souvent éclairantes par leur côté inattendu. Le sens prend forme dans la trace temporelle. Même élargie dans le temps et dans l'espace, la perspective d'analyse risque d'être victime de son auto-centration, si elle reste limitée à l'examen des formes répertoriables. L'enjeu pour une compréhension en profondeur d'un phénomène marqué avant tout par la notion de transformation est de repérer la ou les logiques qui initient le changement. Cette hypothèse porte à penser nécessaire le déplacement de l'analyse vers des champs extérieurs à celui concerné. La politique à la télévision ne dégage pas *ex nihilo* les formes de son expression. Le niveau structurant passe par la saisie de cohérences globales qui, dans le monde contemporain, ordonnent les systèmes de mise en relation publique. La communication politique, de ce point de vue, est soumise à l'environnement. Forme télévisuelle, elle se plie aux lois de son cadre d'accueil. Dispositif de persuasion de masse, elle emprunte au modèle dominant dans les sociétés développées, à savoir le marketing. Pour illustrer ces considérations méthodologiques, quatre développements sont proposés autour de l'appropriation progressive de la spécifité de l'image ; l'ajustement des dispositifs de communication ; la modélisation selon les normes de la télévision commerciale ; la montée des techniques du marketing.

L'appropriation progressive de la spécificité de l'image

Avant que l'alternance politique ne devienne réalité en France, la communication des hommes politiques à la télévision est exclusivement jugée en termes comptables. La mesure de l'objectivité passe par les temps de parole effectifs. L'élection présidentielle de 1981 marque une rupture décisive : la dimension qualitative de l'image est reconnue comme prioritaire. Serge Moati, réalisateur de talent et militant socialiste, impose *in extremis* ses vues relatives au pouvoir de l'image et reçoit mission de mettre en application ses options lors du second débat entre Valéry Giscard d'Estaing et François Mitterrand. L'étude précise de sa réalisation met en évidence quelques caractéristiques considérées depuis comme cas d'école en communication politique. Le choix de l'alternance des plans avec l'hypothèse du fort impact du gros plan sur le visage du candidat Mitterrand lui permet des effets de soulignement de l'argumentaire oral. Ainsi, en rupture avec la régularité rythmée du passage d'un plan à l'autre, il joue du contre-temps pour associer systématiquement le gros plan à l'énoncé des propositions socialistes. Dès lors, la communication politique trouve sa marque médiatique et commence à être dégagée des références antérieures modelées par l'expression en direct devant des foules éloignées de l'orateur. Envisagée en elle-même, dans la spécificité du support qui l'accueille, l'expression à la télévision est affaire de rencontre optimale entre les différents modes sollicités. L'image cohabite avec le son, le sensoriel accompagne le rationnel. Désormais, le réalisateur est reconnu pour son pouvoir de démiurge : par les images qu'il sélectionne il est déterminant pour l'efficacité de la prestation mais dans une proportion qui reste encore en partie mystérieuse. La valorisation iconique et l'incertitude sur sa prévisibilité conduisent les hommes politiques à essayer de limiter ses effets dans toutes les occasions à enjeu majeur.

Un regard sur la dernière campagne présidentielle de 1988 prouve cette crainte partagée par des ténors peu enclins à tout perdre pour une malheureuse histoire d'images. Plusieurs exemples montrent la crispation manifestée pour déposséder les professionnels de la télévision de leur pouvoir à composer ou à monter les images de leur choix. La préparation du débat a renouvelé la situation de 1981 et les règles retenues reflètent les options communes des candidats. Au centre de celles-ci figure le code de prise de vues excluant totalement le plan de coupe.

L'image montrée est celle du locuteur, la prise en compte des réactions mimo-gestuelles de son contradicteur est interdite d'un commun accord. Il y a là comme une situation absurde où, pour filmer une interaction, on exhibe deux monologues juxtaposés. La contradiction éclate d'ailleurs lors de l'épisode « Gordji » au cours duquel l'échange fait explicitement référence au regard « yeux dans les yeux » pour crédibiliser le propos. Le téléspectateur l'entend dire mais ne voit rien. L'autre exemple est donné par le début de campagne de Jacques Chirac, fortement contrôlé par sa cellule de communication. Celle-ci, craignant les effets négatifs de l'apparence trop combative de son candidat, tente de contrôler les images transmises. Les équipes de télévision des chaînes publiques ou privées sont priées de s'abstenir de faire elles-mêmes leurs prises de vue puisqu'elles sont effectuées par un réalisateur embauché par le candidat. Les images livrées sont, de plus, examinées par ses conseils en communication qui vérifient si elles correspondent à la présentation prévue de leur héraut. Fort heureusement, les journalistes n'ont pas accepté cette dérive peu démocratique et ont pu reprendre l'exercice normal de leur métier d'information. Dans un cas comme dans l'autre, les signes de méfiance de l'homme politique par rapport à l'impact de l'image se traduisent de manière étonnamment infantile. En position fragilisée, il semble que les seuls recours dont il dispose soient de se cacher ou de fixer lui-même la règle du jeu... La situation est évidemment évolutive et le poids des autres acteurs (journalistes et téléspectateurs) détermine des comportements plus subtils. Dès lors qu'il n'est pas possible de se dérober durablement, il revient à l'homme politique d'apprendre à maîtriser l'image plutôt que d'en redouter les effets pervers. C'est ainsi qu'actuellement se multiplient les demandes de services aux Instituts d'études d'opinion.

Dans un premier temps, ceux-ci analysent les prestations avec toute la batterie méthodologique issue de la psycho-sociologie. Puis, ils préconisent l'entraînement et la préparation systématique aux divers formats de l'expression audiovisuelle.

L'homme politique ainsi formaté serait prêt à affronter les spots des studios ! Evidemment, les capacités individuelles continuent à faire la différence et le problème de la question de l'image en télévision politique reste encore plus largement dépendant de l'intelligence stratégique que de la mécanique répétitive. François Mitterrand a habilement illustré cette vérité en plusieurs circonstances. Ayant conçu une campagne courte et différente de celle des autres candidats, comme sa position de président sortant l'y autorisait, il a privilégié l'expression multimédiatique. L'image a perdu ainsi de sa force écrasante et, en fonction du moment ou du thème à aborder, elle a pu être remplacée par un autre support. « La lettre à tous les Français » illustre la souplesse de la stratégie. Les hommes politiques français ont mis du temps à accepter la spécificité audiovisuelle de la télévision. Leur formation, dans la tradition essentiellement écrite de notre système scolaire, les porte à être méfiants face à un support où l'émotion l'emporte souvent sur la raison. La banalisation de l'image dans la vie quotidienne les oblige à une prise en compte à la manière des professionnels.

L'ajustement des dispositifs de communication

La communication politique à la télévision prend des formes diverses qui traduisent les positionnements symboliques des acteurs. L'évolution de la société se lit en creux dans la relation d'exhibition de l'homme politique et des journalistes. Au début de la Cinquième République, le général de Gaulle impose la conférence de presse. Il s'agit d'une communication ritualisée où le solennel est à la mesure de la personnalité du Président. Les journalistes accrédités sont invités à l'Elysée et ils posent leurs questions dans l'ordre voulu par l'hôte. Le dispositif institutionnalisé marque le contrôle sans retenue de l'homme politique sur les journalistes et sur le système d'information. La conférence de presse radio-télévisée met en scène « la voix de la France ». François Mitterrand , lors de son premier septennat, a repris la tradition mais après quelques toilettages inspirés de la pratique des présidents américains, il en a complètement abandonné le genre. Ni le déplacement hors les murs de l'Elysée, ni l'adoption de la position debout devant un pupitre n'ont aidé à faire passer une forme d'adresse inappropriée eu égard à la nouvelle distribution des rôles dans la communication politique. Il semble, en effet, que les années quatre-vingt soient celles où les professionnels de la télévision ont réussi à inventer et à légitimer des émissions d'expression politique par-delà les clivages partisans. En conséquence, la tendance à la méfiance par rapport aux formes imposées officiellement se généralise.

Laurent Fabius et son *« Parlons France »* ont fait les frais de cette évolution. Sa formule, inspirée des interventions radiophoniques de Pierre Mendès France et travaillée linguistiquement pour être comprise de tous, apparaît néanmoins comme marquée du style partisan. A y regarder de près, la critique porte bien sur le commanditaire. A partir de là, le professionnalisme de sa prestation plaide en sa défaveur. Le même phénomène de méfiance ou, peut-être pire, de désintérêt s'est manifesté lors de la campagne présidentielle. Le dispositif d'expression officielle des candidats, contraint dans son arithmétique lourde qui fixe les temps de parole proportionnellement à la représentation parlementaire des candidats et qui les oblige à un défilé litanique, n'a pas enthousiasmé les foules. Paradoxe, cependant, car les principes à la base de cette campagne télévisuelle respectent strictement les valeurs démocratiques. L'attente est claire : l'expression politique à la télévision ne peut s'écarter trop ouvertement du fonctionnement du médium et de ses pratiques quotidiennes. Seuls les professionnels de la télévision sont à même de concevoir des émissions en phase avec la programmation : d'invités, dans la conception post-gaullienne, ils deviennent maintenant les invitants. Ce déplacement a valeur symbolique, car il légitime l'espace télévisuel comme espace majeur de l'expression politique. On sait à cet égard l'usage qui en est fait par certains hommes politiques coutumiers de l'annonce de décisions importantes à la télévision.

La délégation de la conception des dispositifs aux journalistes entraîne aussi et surtout, une plus grande variété de formes. Au journaliste-lige officiant dans les émissions antérieures ou à la cohorte indifférenciée des invités aux conférences de presse se substituent des professionnels spécialisés et mis en concurrence les uns avec les autres.

« *L'Heure de Vérité* » illustre bien ce double aspect. Les deux permanents que sont Alain Duhamel et Albert Du Roy sont connus chacun dans leur champ journalistique : le premier comme analyste institutionnel, le second, de par ses fonctions à l'*Expansion* comme spécialiste économique. Le troisième officiant de l'émission étant moins retenu pour lui-même que pour son ancrage oppositionnel par rapport au politicien invité. Le cocktail journalistique ainsi composé et soumis aux règles de François-Henri de Virieu, grand ordonnateur de ce nouveau rituel, a pour mission d'éviter le ton compassé ou l'enthousiasme flagorneur. « *Questions à domicile* » est conçu sur un autre modèle où la formule classique de l'entretien est « habillée » d'un mode de présentation propre à flatter les tendances voyeuristes des téléspectateurs. L'investigation, par la caméra fouineuse du lieu de vie de l'homme politique rappelle un certain type de presse populaire nourrie des à-côtés de la vie des stars. L'intention des journalistes de donner une tonalité intimiste à leur émission risque rapidement la dérive et les invités ont, pour la plupart, effectué un retour au lieu de leur fonction publique. Néanmoins, ce faisant, le magazine réintroduit l'image au sein de l'interaction parolière. Le mélange de l'audio et du visuel est dans la nature du produit télévisuel.

Plusieurs autres magazines y ont également recours, sous des formes diversifiées. « *7 sur 7* », avec Anne Sinclair, propose les images de la semaine comme base de discussion à son invité. La formule, par sa programmation le dimanche soir à 19 heures et par le résumé filmé des informations de la semaine, permet d'attirer un public jeune réticent face au discours des hommes politiques. Un dosage plus subtil entre les paroles et les images a vécu dans le *« Monde en face »*, émission éphémère mais de qualité, conçue par Christine Ockrent lors de son bref passage sur *TF1*. Le montage d'images, dans ce cas, sert de lanceur à l'échange mais il n'a rien d'aléatoire. Il est indicateur thématique et illustrateur de la hiérarchie des priorités en donnant à voir ce qui est négligé par ailleurs.

Les journalistes, réinvestis de la légitimité à concevoir les dispositifs de communication politique, impriment également des changements non négligeables sur les caractéristiques de l'échange. Les dérapages, sous la forme des monologues politiciens, deviennent rares car le journaliste joue sa crédibilité face au public des téléspectateurs. Les interactions s'affichent plus rythmées et les réponses se doivent d'être plus directes. La tendance est accentuée aussi par l'usage de plus en plus fréquent du droit de suite. S'inspirant du modèle depuis longtemps en usage dans la presse anglo-saxonne, les journalistes français deviennent plus perspicaces dans leurs investigations. De plus, libérés du choix du Prince et voyant même ce dernier souvent quémander pour être invité, ils ont plus de facilité à exister tels qu'en eux-mêmes. Les émissions de communication politique y gagnent en décontraction, en humour et épousent les valeurs montantes de l'époque, à contre-courant de l'esprit de sérieux.

La tendance à la libéralisation de l'expression, par la mise en place de dispositifs hors des pressions du cercle des politiques, marque un progrès. Mais, il ne faut pas non plus ignorer que les décideurs politiques exercent encore souvent leur maîtrise sur le choix des thèses à débattre. La « fonction d'agenda » [1] a prioritairement été contrôlée par les candidats ayant des chances de succès lors de la dernière campagne présidentielle. D'autre part, l'exemple du débat montre aussi que les hommes politiques se déplacent dans les studios de télévision en cette occasion, ils ne le font pas sans s'être assurés auparavant de leur agencement. Signe de la « maladie infantile de la communication politique » mais sans doute pas le plus préoccupant. L'influence des logiques dominantes de l'environnement risque fort d'être plus déterminante à l'avenir.

La modélisation selon les normes de la télévision commerciale

Dès lors que les grandes émissions de communication politique sont créées par des journalistes, l'influence de l'environnement devient évidente. Insérée dans un univers de concurrence et de recherche de l'auditoire le plus large, l'expression politique subit un handicap de départ. Le discrédit relatif de la classe politique, et souvent le manque de culture de référence chez de nombreux téléspectateurs, entraînent un manque d'intérêt pour ce type d'émission. Les concepteurs ont donc obligation de lui redonner un caractère attrayant, en conformité avec les formules assurant la réussite des autres programmes. L'élaboration d'une mise en scène à forte connotation symbolique contribue à cet effort « d'habillage » et transforme le politique en spectacle. « *L'Heure de Vérité* » doit son exceptionnelle longévité, pour partie, à la réussite de sa scénographie. L'espace proposé, avec le partage entre une aire centrale, des tribunes et un couloir d'accès, réfère aux formes ancestrales de la dramaturgie dans l'histoire de l'humanité. Le studio évoque tous les lieux de combat où un homme est seul pour lutter et pour offrir -comme disent les commentateurs sportifs- un « bon spectacle ». Les trois journalistes qui se partagent le plateau sont là pour placer les banderilles et tester la résistance et la solidité de l'homme politique. La mise en scène qui insiste sur l'idée de l'enjeu sous-jacent et le décor, avec ses horloges répétitives ou le mobilier volontairement inconfortable, constituent autant de marques de cette dramaturgie dépouillée à la manière du théâtre classique.

Le succès de la formule réside dans l'exhibition d'un modèle emprunté à des pratiques populaires et à une esthétique du dépouillement. La réussite du spectacle, outre ses qualités intrinsèques, repose également sur la participation des spectateurs. Facile à obtenir dans des lieux de regroupement où la foule est présente physiquement, elle est a priori problématique à la télévision. Le médium s'interpose dans la relation entre les acteurs et l'image risque de freiner les ardeurs communicatives telles qu'elles se manifestent en situation naturelle. De plus, la participation des téléspectateurs reste une participation d'individus contraints par une réception à domicile, éclatée et tributaire des aléas du cadre domestique. Le support technologique et les nouvelles pratiques qu'il ouvre aux acteurs sociaux permettent de contourner la difficulté et de réintroduire le spectateur dans la chaîne communicative. A défaut d'être conviviale, l'interactivité s'instrumentalise. La série de sondages par minitel, du début à la fin de l'émission, et l'affichage des résultats à l'écran donnent l'illusion à ceux qui regardent d'être des acteurs actifs. Ce vieux procédé directement repris de la radio commerciale et réactualisé au goût de la technologie du jour s'avère efficace. Il donne l'illusion d'une relation de proximité entre l'homme politique et son public qui, l'espace d'un instant, se sent investi d'un droit de sanction large allant du jugement de la personnalité à son pouvoir de conviction. Il ouvre aussi un tableau d'honneur permanent où les forts en thème électoral s'efforcent de bien figurer. L'interactivité électronique est ainsi promue au rang de grand évaluateur. Décriée, pourtant, par la plupart des spécialistes en études d'opinion, elle est arrivée à imposer sa marque à la plupart des hommes politiques. Le jugement en direct et la publicité qui lui est assurée par la masse du public spectateur sont des arguments plus forts que ceux fondés sur la prudence méthodologique.

Les dérives sont nombreuses et de gravité différente. Il serait carrément dangereux que ce genre de sollicitation fasse germer l'idée d'une sorte de démocratie directe où les problèmes politiques seraient traités à l'écran. La manière dont les téléspectateurs ont été associés à des pseudo-jugements les mettant en scène pour simuler la réécriture de l'histoire de la Révolution en offre le spectacle caricatural. Moins graves mais symptomatiques de la recherche permanente « d'accroches » du public en système de télévision commerciale, apparaissent les ingrédients ajoutés récemment pour rajeunir l'émission. L'emprunt aux techniques de créativité, sous la forme par exemple du portrait chinois [2], constitue une concession aux modalités les plus éloignées de l'expression politique, à savoir l'argumentation et la démonstration par les faits. A être trop répété, le procédé ferait courir le risque de modeler le politique sur les techniques simplificatrices de la publicité et de réduire la participation des citoyens à un jeu d'impressions furtives. La logique de la recherche d'audience la plus forte induit une sélection des postulants au passage au petit écran et influe sur le contenu des prestations. Seuls les hommes politiques d'importance nationale peuvent nourrir l'espoir de faire partie du club restreint des invités. Cette dimension nationale est indispensable, car la télévision française est encore majoritairement généraliste et les chaînes couvrent l'ensemble du territoire. L'audience recherchée se mesure à cet espace-là. Mais, les émissions politiques n'étant pas très nombreuses, ni en unité ni en fréquence, la sélection est prolongée par des critères supplémentaires. Le pouvoir du politicien dans son parti, ses qualités de « présence » à l'écran, son implication dans l'actualité la plus récente sont autant de facteurs déterminants pour emporter la décision.

Plusieurs effets résultent de cette extrême limitation des acteurs. L'homme politique est largement soumis aux règles de la télévision populaire. Contraint à être une télestar ou à ne pas exister, il cède souvent à des facilités et à des pratiques empreintes de démagogie. On le voit, par exemple, participer à des émissions de jeux du type « *Tournez manège* » ou « pousser la chansonnette » en présence d'une caméra. A ce niveau, le clivage partisan n'existe pas et l'effet d'entraînement s'avère être consensuel. Par rapport au contenu des émissions ouvertement politiques, on se rend compte, comme cela a été étudié pour la dernière campagne présidentielle, que la télévision est le médium qui insiste la plus sur la personnalisation et sur les rivalités entre les hommes. A cette occasion, un pourcentage extrêmement fort du temps prévu au débat des idées s'est restreint à un suivi de « course de chevaux ». La compétence des journalistes n'est pas en cause mais, prisonniers d'un système où il faut plaire au plus grand nombre par tous les moyens, ils se réfugient dans les formes éprouvées de feuilleton populaire. La politique est ainsi regardée comme une dramatique à épisodes où la conquête du pouvoir est le plus riche ferment de rebondissement pour les différentes séquences narrativisées. La télévision-audimat érode la notion de genre et oblige les modes d'expression considérés comme difficiles ou arides à être conformes aux codes éprouvés du « prêt-à-voir ».

La montée des techniques du marketing

La médiatisation de la politique conduit à un moment ou à un autre à lui faire rencontrer le marketing. Longtemps, on a pu croire en France, tant les hommes politiques se refusaient à être assimilés à des savonnettes, que le champ commercial et le champ idéologique resteraient différenciés. Puis l'importance prise par le fait télévisuel et le déplacement du lieu du débat et des formes argumentaires qui en ont résulté ont aidé à un rapprochement par contamination. Les hommes politiques, tous convertis à la puissance persuasive de la publicité, ont intégré à leur équipe de campagne des conseils en communication, publicitaires lancés à la conquête d'un nouvel espace. Dès lors, la méthodologie du marketing est appliquée avec une débauche d'études sur une opinion segmentée et classifiée pour devenir la cible de campagnes spécifiques. Les candidats ont ainsi à faire apparaître leur positionnement, non pas tant, sur le plan de leurs options, pour l'action qu'ils entendent mener, que pour faire ressortir une « fiche sommaire d'identité » avec des étiquettes simplificatrices et réductrices. Condition nécessaire pour être perçu par les électeurs et « ne pas les submerger sous un flot d'informations ». Cette alchimie réductrice trouve en la télévision un excellent support. Les Etats-Unis ont donné, lors de la campagne présidentielle de 1988, des exemples attristants de cette logique poussée à son extrême. Pour montrer la bonne forme d'un candidat et l'excellence de ses réflexes, un cliché suffit, et on le voit au pied de la passerelle de son avion un « batte de base-ball » en main. Voilà pour le côté pile. Côté face, le cliché se fait dévastateur et un spot bien senti détruit l'image savamment construite par l'adversaire. Le combat politique à coup de spots machinéens a tellement fonctionné cette fois-ci que les Américains ont trouvé la campagne presque indigne et insignifiante. En France, où ces méthodes ont été interdites - peut-être provisoirement- le marketing politique imprime sa marque mais de manière moins systématique. A doses encore contrôlées, les hommes politiques en font un usage plus ou moins heureux. Raymond Barre, pour affirmer l'originalité de son positionnement dans la dernière campagne, impose l'image de la tortue. Le choix est habile puisqu'il allie plusieurs des qualités nécessaires pour l'efficacité de la démarche. La référence à une fable de La Fontaine, tirée de la vulgate scolaire, garantit la simplicité, et l'association avec le lièvre pour caractériser l'autre candidat de droite correspond tellement à l'image des deux hommes que le positionnement paraît crédible. De plus, l'attrait du cliché assure une série de reprises dans la presse écrite et garantit la diversité du plan-média du candidat. Mais l'adoption des techniques du marketing ne s'avère pas toujours aussi judicieuse. Valéry Giscard d'Estaing, grand maître en communication audiovisuelle, donne l'exemple des dérapages possibles dès lors que la pensée se donne trop à voir en images. En février 1987, convaincu qu'il ne pourra plus être candidat aux élections présidentielles, il recentre son ambition sur une éventuelle présidence de l'Europe. *« L'Heure de Vérité »* est l'occasion de le dire et, surtout, de le faire voir. Exhibant tour à tour un faux billet de 10 écus spécialement imprimé pour l'émission puis son passeport européen, il met en scène son message en instituant une communication appuyée avec l'ex-Chancelier allemand Helmut Schmidt, placé au premier rang du public des invités. Pour finir, il répète son « concept » en l'inscrivant sur le Livre d'Or de l'émission. A trop en faire [3], il perd toute crédibilité, d'autant qu'un an plus tard il replace son horizon à hauteur de la politique intérieure française. A l'inverse, les deux campagnes victorieuses de François Mitterrand reflètent l'efficience d'une démarche en phase avec les réalités sociologiques et politiques du pays. « La force tranquille » puis « La France unie » esquissent l'image du candidat en tenant compte de sa personnalité, des aspirations du corps électoral et du positionnement des autres candidats.

La médiatisation de la communication politique constitue un fait essentiel des années quatre-vingt, qui bouleverse les relations habituelles des acteurs impliqués dans la vie politique. Largement déterminée par la logique de domaines extérieurs à son champ, comme le spectacle ou le marketing, cette mutation mérite d'être suivie avec attention pour éviter la dérive de la manipulation. Inscrite dans une évolution de plus en plus rapide et de plus en plus en plus programmée, elle suppose d'être regardée à la croisée de toutes les logiques qui la gouvernent. A cette condition seulement, l'observation permettra une vision prospective, susceptible d'éclairer le législateur au moment où de nouvelles règles du jeu de l'expression politique auront à être fixées.

NOTES

1 - « Fonction d'agenda » : problématique de recherche née aux Etats-Unis au début des années 1970 et qui interroge le mode de sélection des thèmes d'actualité traités dans les mass médias.

2 - « Portrait chinois » : procédure empruntée aux méthodes de créativité, le portrait est composé à partir de glissements et d'associations inattendues : « Si X était un animal, une plante ou une voiture, lequel ou laquelle serait-il ? »

3 - La décision interprétative résulte de la convergence d'analyses chez les observateurs spécialisés. L'effet grand public est plus difficile à apprécier dans la mesure où cette manifestation ponctuelle est éclairée par une référence tendancielle.

LES INCERTITUDES
DE L'ÉCOUTE POLITIQUE*

La politique n'est plus la sphère des regroupements et des échanges caractéristiques jusque-là des systèmes démocratiques. Le déclin régulier du militantisme, nourri du rejet quasi systématique des idéologies et de la méfiance épidermique envers les partis et les hommes d'appareil, reflète la complexité de nos sociétés qui ont pu être définies comme des "sociétés individualistes de masse" (Wolton, 1990). Corollaires de ce mouvement tendantiel, les ruptures radicales dans les habitudes électorales, avec des taux de participation imprévisibles et des choix partisans hors des attentes traditionnelles, semblent inaugurer un nouvel ordre du politique. L'ère du soupçon est propice à la volatilité des convictions.

La réduction des relations directes entre les protagonistes de la vie politique suppose compensation. Le responsable politique travaille désormais à la lumière des indicateurs statistiques. Capteurs présumés efficaces des réactions de l'opinion publique, ces derniers présentent les instantanés chiffrés des adhésions, des rejets et, accessoirement, des incertitudes des gouvernés. Suites de photogrammes, ils ont un horizon singulier, limité aux bornes du visible immédiat. Gouverner n'est plus prévoir, c'est d'abord gérer le présent. Le décideur visionnaire et charismatique se transmue en comptable du quotidien et la relation avec le public est soumise alors aux canons du marketing appliqué à la gestion des opinions (Champagne, 1990).

Consubstantielle à cette redéfinition du jeu politique, la télévision est maintenant une tribune en repli où se succèdent

*Article paru dans la revue « *Mots* », n° 40, Fondation Nationale des Sciences Politiques, Paris, 1994.

ponctuellement les formes les plus contraires de la communication (Coulomb, 1993). Scène symbolique de la régulation sociale, elle exhibe les failles de l'échange actuel. Le renouvellement rapide des dispositifs et la fluctuation dans l'attribution des rôles aux différents acteurs de l'espace public ont valeur d'indice d'incertitude. La politique est en mal d'écoute lorsque l'échange a peine à être fixé.

Le début des années quatre-vingt marque une rupture décisive dans la logique du pouvoir en France. Le jacobinisme, héritage historique dans un pays tôt unifié, est remis en cause. L'Etat centralisé auto-limite le champ de ses compétences et cède une partie de son autorité de décision et de gestion aux instances régionales. Résultat du constat de l'inefficience de plus en plus criante de la formule omnipotente, ce choix politique enclenche un mouvement d'alignement de la France sur le modèle des pays à tradition décentralisée. Difficile à mettre immédiatement en place de manière harmonieuse, la logique de partage du pouvoir s'impose néanmoins comme le système le plus approprié pour répondre aux demandes complexes des sociétés contemporaines. Contre-poids aux effets standard produits par la mondialisation des structures et des échanges économiques, le réajustement du territoire sur les frontières particularisantes du local redéfinit l'ensemble de la transaction politique (Les Cahiers du *LERASS*, 1990). La décision législative voit son domaine d'application élargi par les effets de sa portée symbolique : désormais, l'espace public se décline à plusieurs niveaux. Le centre, lieu habituel de l'analyse et de la décision, est confronté au réel et à la parole périphériques. Parallèlement, les médias s'alignent sur la tendance et un vaste mouvement de "décrochage" du national s'affirme pour donner naissance à de multiples radios ou télévisions de proximité. Pour autant, le passé n'est pas gommé d'un coup. La puissance centralisatrice, limitée au plan administratif, demeure effective dans la mentalité des dirigeants : en termes de carrière, le destin de l'homme politique est toujours national, dût-il pour y arriver se prévaloir de la reconnaissance locale. La délibération publique est dès lors tributaire de la position que chaque acteur social est amené à prendre et de sa légitimation par les autres protagonistes. L'espace fragmenté est un espace flexible. Fragilisé ou fortifié -selon les cas- par l'introduction dans la vie politique de partenaires inhabituels, il engage au renouvellement des formes de l'interaction sociale.

Caisse de résonnance de la société, la télévision porte trace des tentatives de redéfinition en cours depuis quelques années. Le rôle encore largement dominant des chaînes nationales à vocation généraliste en accentue, sans doute, la signification emblématique. Intuitivement ressentie, la dimension symbolique de la scène télévisuelle suppose maintenant d'être montrée : le chercheur substituera une grille de lecture à la grille des programmes.

Les instances de présence

En moins de dix ans, plusieurs modèles de représentation de l'espace public ont été testés par le Président de la République à l'occasion de prestations télévisuelles non officielles. Le premier, très asymétrique puisque l'échange se développe du haut vers le bas sans permettre le mouvement inverse , privilégie la relation duelle entre le politique et le journaliste. "*Ca nous intéresse M. le Président*", émission de 1985 avec Yves Mourousi, en constitue le cas d'école le plus prototypique. Caractéristique du contexte des années quatre-vingt, ce modèle repose sur une conception impositive de la transaction politique. Exclu de la scène de l'échange, le public est visé de manière indirecte, convié à être le spectateur d'une prestation édifiante. L'espace de représentation ainsi figuré apparaît entièrement soumis à la logique du spectacle. Calqué sur les préceptes de la télévision commerciale, il règle les modalités de présence des acteurs sur des catégories autres que celles de l'univers politique. Les exigences de la vie démocratique et leur traduction dans la participation de tous les citoyens à la délibération publique sont réduites à des termes d'efficacité promotionnelle. Le journaliste, clé de voûte de ce système d'emprunt, est promu en la circonstance grand ordonnateur de la persuasion politique. Son rôle dès lors est ambivalent. Animateur du plateau télévisuel, il joue des signes symboliques du dispositif pour redonner crédit à la parole politique : la convocation à l'écran des personnalités invitées et le visionnement de clips publicitaires ou d'extraits de films constituent un appui visuel régulièrement sollicité. Seul face à l'homme politique, sa présence a double statut : il représente aussi le public absent. L'animateur s'érige en médiateur au sein d'une procédure inhabituelle de la figuration du politique. L'argument rationnel devient objet de méfiance et la puissance séductrice du spectacle est systématiquement recherchée. Ce modèle, poussé à l'extrême, indique les limites de sa pérennité. La soumission aux règles de l'univers des loisirs entre inéluctablement en contradiction avec l'aspiration à voir traiter la politique de manière sérieuse et à répondre au mieux à la complexité de la réalité. Par ailleurs, la place démesurée que s'octroie le médiateur est sans fondement par rapport aux formes de légitimité institutionnalisées dans le système représentatif. Les modalités d'accès des acteurs de la vie politique au débat public apparaissent donc comme un des enjeux majeurs de la période contemporaine. Le temps de la médiacratie passé, il revient au politique de redéfinir sa relation avec le public au sein des mass media.

Les nouveaux modèles testés dans la communication présidentielle redonnent place au public. Toutefois, son inscription dans les dispositifs télévisuels s'opère selon des modalités variables qui traduisent les difficultés du politique à se dégager du modèle asymétrique. Deux émissions, également exemplaires, méritent l'attention : *"le rendez-vous de l'Europe"*, sur *TF1* en septembre 1992, avant le référendum sur la ratification du traité de Maastricht , et les deux prestations consécutives au journal de 19 h de *FR3*, avant les élections législatives de mars 1993. Présent dans les deux circonstances, le public est convié pour donner la réplique au Président. Son retour dans un contexte fortement marqué par la montée -réelle ou entretenue- d'une crise de la représentation marque une volonté de répondre à cette interrogation nouvelle et obsédante de la vie politique. Les critères de sélection des participants et la place qui leur est reconnue dans le dispositif de l'échange délimitent la portée de l'évolution en cours dans la redéfinition de la transaction télévisuelle. Deux modèles différents sont testés. L'un présente un regroupement de personnes au statut varié mais toutes appelées à dialoguer avec le Président. Se succèdent ainsi les citoyens ordinaires, les fleurons de la sphère journalistique parisienne, le Chancelier allemand et, enfin, un membre de l'opposition habilement sélectionné. L'autre se limite à la confrontation répétée du chef de l'Etat avec des représentants du public. Le modèle impositif abandonné, son remplacement s'opère de manière incertaine. Les références culturelles balisent cette quête du modèle idéalement pertinent. Le renvoi à l'histoire fait resurgir les pratiques de la démocratie dans l'Antiquité grecque tandis que la fascination pour les potentialités nouvelles de la technique plaident pour la mise en relation directe des acteurs dans l'échange politique. La structure du modèle emprunte tantôt aux formes anciennes de l'agora, tantôt aux vertus proclamées de l'interactivité moderne. Cette évolution, cependant, est freinée par les pesanteurs de la catégorisation traditionnelle des rôles sociaux. Le journaliste, maître de cérémonie de l'agora télévisuelle (Guillaume Durand ayant remplacé Yves Mourousi dans la circonstance) les révèle naïvement lorsqu'il définit la place de chacun en début d'émission : le public témoigne de "ses préoccupations", la nomenclatura journalistique traite de "l'actualité" et l'homme politique débat "des problèmes de fond". L'incertitude de la quête trouve ses racines dans les mentalités.

La procédure de reconnaissance inégalitaire de la parole du public voit ses effets amplifiés par un mode de sélection régi par les contraintes cumulées des logiques de quantification de l'opinion et de performance spectatorielle. L'intronisation des "gens ordinaires" dans la vidéosphère obéit en effet aux rituels de l'époque : le public n'a de reconnaissance que dans les classements des Instituts de sondage d'opinion. Pour ajuster le nombre de participants à la taille du plateau de télévision et permettre d'inscrire leurs prises de parole dans les limites temporelles de l'émission, il est nécessaire d'être très sélectif. Les critères retenus ne peuvent de ce fait prétendre donner à cette méthode qualitative la garantie d'une fiabilité aussi élevée que lorsqu'il s'agit de photographier des intentions de vote : en-deçà du seuil de 1000 sujets, il n'est point de salut pour le sondeur. Néanmoins, la procédure demeure, répétition de la même représentation pré-déterminée du corps social. L'approche de la consultation électorale (le référendum sur la ratification du traité de Maastricht, en l'occurrence) entraîne inévitablement la partition du public en partisans et en adversaires du texte soumis au vote, manière de reprendre le schéma bipolaire de la cartographie politique de la France. La pertinence de cette simplification habituelle au mode de pensée binaire se trouve ici mise en question. La réalité, brouillée par des intentions de vote qui ne suivent pas les clivages traditionnels de la référence aux partis politiques, nécessite une approche multi-critères qui, à son tour, s'accommode mal d'un échantillonnage trop restreint. La méthode de sélection, insatisfaisante pour s'ajuster à une complexité politique nouvelle, est donc croisée avec d'autres indicateurs. L'amalgame s'opère entre des réalités de nature hétérogène : les variantes d'opinion sont couplées avec des exigences telles que la capacité à s'exprimer et à dialoguer à la télévision. En phases successives, les 300 personnes présélectionnées sont réduites à un panel de 14. Sa composition met à nu les biais politique et sociologique engendrés par ces opérations de sélection. Fondées sur le classement et l'étiquetage de la population , elles présupposent l'accord total entre la grille descriptive et le positionnement réel des personnes. Cela revient évidemment à méconnaître la complexité de la transaction linguistique, à l'oeuvre lors de la procédure sélective. Les catégories de classification ne sont pas forcément admises a priori par ceux à qui elles sont proposées. Objets de référence plutôt qu'objets d'enfermement, elles donnent lieu à des opérations de masquage et de démarquage (les politistes savent bien, par exemple, la gêne des sympathisants de l'extrême-droite à se dire comme tel dans les enquêtes). Ainsi, du côté des sondeurs comme du côté des sondés, la réalité est passée au filtre des mots et de leur formulation. La justification de la présence sur le plateau est donc à interpréter dans un double cadre délimité par la rationalité formelle de la grille classificatoire et par les logiques imprévisibles mises en oeuvre par les acteurs. On constate ainsi une sur-représentation du mouvement *Génération Ecologie* calquée sur les indications des sondages : phénomène étonnant d'auto-validation de la part de l'Institut d'études d'opinion. Du côté des panélistes, le positionnement peut servir une stratégie individuelle de prise de parole tel celui qui se déclare ouvrier afin de pouvoir questionner le Président au nom de cette catégorie professionnelle.

Le modèle interactif, testé avant les élections législatives de mars 1993, complexifie la procédure sélective. Fondée également, dans sa première étape, sur une lecture des sondages qui détermine la liste des thèmes proposés à l'interrogation du public, elle est innovante à plusieurs égards. Inscrite dans le contexte de FR3 et en appui sur les douze stations régionales de la chaîne , elle représente une tentative intéressante pour ouvrir la parole publique à l'ensemble du territoire. L'interactivité n'a de sens que dans le resserrement des espaces : elle ouvre l'aire de la proximité. Ainsi, le choix des thèmes à traiter lors de l'échange avec le Président n'est-il plus décidé au niveau national -par l'instance politique ou par le médiateur dans son bureau parisien- mais à l'échelon intermédiaire des régions. L'ouverture au réseau du minitel pour la collecte des questions des téléspectateurs accentue la portée de ce déplacement de l'échange, du centre vers la périphérie. Très souvent privé de parole dans la structure centralisée du politique ou du télévisuel, le public est invité à s'exprimer sur son lieu de vie. Ce nouveau cadre induit des questionnements centrés sur la réalité vécue. Chaque intervenant personnalise le problème qu'il soulève, en même temps qu'il redonne pleine densité aux mots. A l'abri du soupçon de la parole dilatoire, il réinstalle la concordance entre le réel et son expression langagière. Comme le remarque le journaliste qui coordonne l'émission dans le studio de *FR3 Paris* : *"les questions sont souvent pressantes et toujours précises"*. Chargées d'émotion, elles portent trace des difficultés rencontrées au quotidien sur un mode qui dépasse l'anecdotique. La présence plus affirmée du public a valeur exploratoire pour la redéfinition des bases de l'échange politique. Même si ce n'est que le temps de l'interaction télévisuelle, le passage à une communication moins asymétrique permet l' authenticité des propos et l'identification de certaines causes du dysfonctionnement du débat public dans la société démocratique libérale.

Les modalités dialogiques

Le modèle interactif libère la parole pendant l'émission, bien sûr, mais aussi dans les réactions recueillies ensuite par les journalistes. Il est étonnant de constater combien l'expérience qui est proposée révèle, par sa valeur emblématique, la maturité de la réflexion politique chez la plupart des intervenants. La parole ordinaire fait souvent pièce à la parole du décideur. Le sentiment de frustration qui en résulte est exprimé sans ambages par chaque partie : le manque contient un potentiel constructif.

Extrait de l'introduction au deuxième échange sur *FR3* (le 19 février 1993), ce petit florilège de commentaires croisés marque les bornes de la rencontre politique médiatisée :

- le journaliste : ..."pourtant, le face-à-face passé, un regret presque unanime : les questions n'ont pas assez porté."

- les téléspectateurs :

(1) "J'aurais préféré avoir plus de temps pour lui dire franchement ce que j'avais à lui dire."

(2) "Je lui ai posé une question qui se pose sur le terrain et, malheureusement, je suis déçu par la réponse."

(3) "Il n'a absolument pas répondu à ma question, comme d'habitude."

- le Président : "...j'ai éprouvé une sorte de manque. C'est une émission qui s'adresse à la France toute entière, à la moitié des régions en deux fois. Il y a beaucoup de questions et, certaines d'entre elles qui sont très importantes, on ne peut pas les traiter à fond. Comment voulez-vous qu'en 2'30 - 3' on puisse traiter à fond du chômage ?"

Ces marques d'insatisfaction exprimées à chaud par des acteurs fortement impliqués touchent à des domaines différents. La contrainte temporelle, intégrée de plus en plus au dispositif télévisuel pour justifier la recherche du rythme accrocheur, le décalage criant entre le vécu de terrain et le discours de l'expertise ou l'incompréhension partisane représentent à l'évidence des freins importants à l'échange et à la discussion. Leur conjonction accentue la portée de chacun et l'ensemble s'affiche comme une ébauche de la symptomatologie du mal politique contemporain. La dénonciation dépasse en effet la portée de chacun des arguments mis en avant. Elle remet en cause la conception dominante de l'interaction politique, telle qu'elle est figurée dans le récit et la dramaturgie médiatiques. En somme, elle clame haut et fort la nécessaire distinction à établir entre **le** politique et **la** politique. La revendication du retour à la politique porte en elle l'abandon de la forme monologique. Propre au modèle impositif, le monologue n'ouvre qu'un espace prescriptif paré parfois des atours séducteurs de la parole persuasive. Les temps incertains qui caractérisent les années quatre-vingt-dix appellent un autre cadrage. Le faux couple prescription-séduction n'étant plus crédible, au moins dans ses formes les plus exacerbées, il reste à retrouver des modalités plus participatives. L'inclusion du public dans les nouveaux dispositifs et le retour du dialogique qui l'accompagne participent de tentatives, souvent chaotiques, pour revivifier la croyance en la politique. Dans ce contexte, l'incertitude des formes fait sens.

L'échange politique, à la télévision, se développe de manière conventionnelle sous la forme de questions et de réponses. La répétition de ce modèle conversationnel accompagne un modèle d'attribution des rôles dans la société : être en position de répondre est signe de détention de pouvoir. Ce cadre général ne fige cependant pas les modalités de la relation politique, soumise constamment au jeu des positionnements des acteurs. Les dispositifs de communication expérimentés par le Président de la République, avant le référendum sur Maastricht ou les élections législatives de mars 1993, formalisent son intuition des évolutions en cours.

La soirée de pédagogie sur l'Europe reprend de manière modernisée le dispositif de l'agora. Dans le cadre solennel de la Sorbonne, le Chef de l'Etat dispense ses explications aux représentants des différents corps sociaux. Première tentative d'ouverture à la parole partagée, sa prestation reproduit -comme inconsciemment- la conception stratifiée et fortement hiérarchisée de la société. Le politique a encore du mal à se dégager du modèle impositif, dominant dans la culture française. La variation des formes du dialogue et de leur tonalité en fonction des groupes révèle l'importance des représentations sociales dans l'ajustement des comportements politiques. Le commentaire de Jérôme Jaffré à propos de l'échange avec le public : "on a entendu un non émotionnel et vigoureux tandis que le oui s'est révélé assez inquiet" a valeur emblématique. Acteur principal de la sélection d'un panel intégré à une dramaturgie télévisuelle pleine d'emphase et de pompe, le Directeur de la *SOFRES*, par son propos, prouve l'enfermement tautologique du raisonnement d'expertise. Cette saynète de la vie politique reproduit un scénario programmé.

Dans un contexte de solennité poussé à l'extrême, la parole des gens ordinaires a toute chance, en effet, de laisser percer l'émotion. Le cri de l'agriculteur demandant qu'on ne laisse pas mourir l'agriculture ou l'opposant politique accusant le Chef de l'Etat de vouloir organiser un plébiscite ont une densité dramatique touchante. Pour autant, on ne peut pas s'inspirer de ces témoignages ou de ces interpellations comme aides à la redéfinition des modalités de la délibération publique. Leur utilisation donne trop l'impression de relever d'un savoir-faire appris dans les écoles de marketing : la formule du reality show ne convient pas pour renouveler le débat démocratique. Ce rôle réduit de la parole ordinaire, limitée à une brève expression émotive, paraît encore plus contestable par comparaison avec la mise en scène de la parole des journalistes ou celle du politique. Les échanges sont modélisés par les codes de comportement en usage dans les milieux sociaux aisés et la composition proxémique marque l'écart symbolique : après l'estrade de la pédagogie populaire vient le temps des fauteuils et du feutre bourgeois. La maîtrise des règles de l'interaction mondaine, toute en courtoisie et en complicité partagée, donne lieu également à spectacle. Témoin cet extrait d'un "dialogue enlevé" entre François Mitterrand et Jean d'Ormesson, repris le lendemain par l'ensemble de la presse :

- J.D.O : "Eh bien, ce soir, ici, maintenant, si vous annonciez comme vous le demandent non pas seulement vos adversaires, mais je crois bien des amis, qu'en cas de victoire du non, je veux dire qu'en cas de victoire du oui, le lapsus est inévitable.

- F.M : "J'ai parfaitement compris ce que vous vouliez me dire, ne vous excusez pas, en somme on me demande de partir en cas de oui et en cas de non."

La vivacité d'esprit, la répartie gentiment moqueuse ou le plaisir à jouer avec les mots participent des valeurs traditionnellement affichées dans la sociabilité bourgeoise. Reprises dans le débat public, leur signification est plus complexe. En France, être habile dans le maniement du langage reste un critère distinctif pour accéder à la responsabilité politique : les chefs d'Etat de la V République ont tous, avec des réussites diverses, usé de leur plume. De même, c'est faire preuve de sa bonne connaissance de la sociabilité que de ponctuer les propos graves par des mots d'esprit placés à bon escient. François Mitterrand le sait, évidemment, et il le dit quand il caractérise son dialogue avec Jean d'Ormesson comme un "*...échange de propos qui soulagent la gravité de notre discussion*". Mais, cette légèreté offerte dans un cadre médiatique fait aussi courir le risque de donner à l'argumentation politique l'aspect d'un jeu verbal. Plaisante et pittoresque, elle entre en conformité avec certains des grands principes de sélection des nouvelles dans les médias. A la manière des "petites phrases" ou des formules faciles à reprendre, les arguments se résument aux entre-chocs des titres. La réflexion sur les usages de la parole devient un des enjeux majeurs de la période. La dénonciation de la "langue de bois" et le prestige "du parler vrai" montrent la nécessité de revenir à l'usage d'un langage qui ne donne pas l'impression d'être codé pour un petit monde ou d'apparaître comme un plaisir formel. C'est dans sa relation au réel et dans sa capacité à être compris par le plus grand nombre qu'il est désormais pris en considération : le temps n'est plus à la gratuité esthétique. Le débat entre François Mitterrand et Philippe Séguin répond, pour partie, à ces conditions. L'échange de leurs arguments, empreint de courtoisie, rend compte des approches politiques divergentes qui partagent l'ensemble de la population sur le problème européen. Mais, les angles d'attaque retenus par les deux hommes politiques s'écartent trop de la réalité de la majorité des téléspectateurs. Leur échange est parfois brouillé par un cadrage délibérément technique que regrette le correspondant du *New York Times* dans un commentaire cynique qui en dit long sur sa conception de la politique :

"Philippe Séguin s'est perdu dans la subsidiarité et la politique monétaire qui sont difficiles à expliquer. Il n'a pas été suffisamment démagogique".

Le modèle de l'agora délimite des positions énonciatives encore largement inégalitaires. Véritable méta-énonciateur, le Président est placé en position panoptique. Il contrôle tous les échanges cadrés selon les principes de la programmation télévisuelle ou de la hiérarchie sociale. Dans ce modèle, la communication politique est stratifiée et épouse des registres qui calquent les représentations discriminantes du corps social : la passion est le moteur de l'opinion publique, la connivence guide la relation entre la nomenklentura des journalistes et les hommes politiques, la rationalité reste le domaine réservé des décideurs.

Les catégorisations thématiques

Aussi prédéterminé qu'il puisse être par le dispositif de l'émission, l'échange ne s'inscrit pas automatiquement dans le cadre prévu par ses organisateurs. L'écart par rapport aux règles annoncées mérite attention. La distorsion formelle renvoie aux habitudes culturelles des intéressés mais aussi au besoin, sans doute fort, d'exprimer leur point de vue.

Au regard de l'observateur habitué au respect de la contractualité des échanges sociaux, toute déviation a du mal à être comprise et appelle condamnation. Steve Jessel, correspondant de la *BBC* à Paris, porte ainsi une série de jugements sévères sur l'émission autour du traité de Maastricht :

"C'était très mal organisé et c'est une occasion perdue. Certaines questions ont été posées pas moins de trois fois, comme celle concernant ce que François Mitterrand ferait si le non l'emportait. Les questions du panel ressemblaient davantage à des allocutions et le débat avec Philippe Seguin est arrivé trop

tard, de surcroît il était nul : à être trop poli, cela n'a conduit nulle part".

Plusieurs pré-requis culturels sous-tendent la critique. Ils donnent implicitement les éléments de définition pour une bonne pratique du questionnement public, selon le modèle anglais évidemment. La question n'a besoin d'être posée qu'une seule fois, sa force tient à sa formulation et non au fait de sa répétition ; elle doit être concise et garder son statut interrogatif ; enfin, elle libère son auteur des préséances en usage dans les autres moments de sociabilité. Ce rappel indirect des habitus du journaliste anglo-saxon permet une identification précise des pratiques différentes, d'une culture à l'autre. Le débat sur l'Europe gagne sans conteste à être soumis à ce croisement des regards.

Ces distorsions formelles ne peuvent cependant pas être considérées seulement comme les indicateurs du moins grand professionnalisme des journalistes français ou du caractère brouillon du public latin. Référées à notre contexte culturel, leur signification reste à trouver une fois fait le constat de l'écart entre les règles édictées et les pratiques effectives. La banalité de la transgression dans ce domaine interdit de l'envisager comme un signe pertinent pour comprendre l'implication de chaque acteur dans les échanges. Sa valeur signifiante, minime au plan de la forme, renvoie par conséquent à des interrogations concernant le contenu de ce qui est dit par chacun. Le cadrage thématique diffère sensiblement d'une catégorie d'acteur à l'autre : les instances de présence sont fortement codées socialement et reposent, comme il a déjà été montré, sur des attributions de rôles et des délimitations du champ d'expression opérées par les médiateurs. Il reste à considérer maintenant comment chaque protagoniste l'interprète dans la réalité de sa prestation. Les caractérisations du journaliste de la *BBC* ont à cet égard valeur de signal : les représentants du public au sein du panel seraient moins portés à poser des questions qu'à prononcer des allocutions. Cette constatation est validée par les fréquentes demandes de l'animateur pour presser le "panéliste" à poser sa question après un temps de parole déjà bien entamé. Le remplacement de la prise de parole interrogative par une allocution constitue un renversement de l'ordre énonciatif programmé : le Président est contraint à écouter et son attention est sollicitée sur des contenus non balisés au préalable. Ceux qui lui sont proposés déclinent un syntagme unique, dont la structure revient à une formule-type : l'Europe et son incidence sur un aspect de la réalité française. Les éléments déclinés sont fonction de la catégorie socio-professionnelle et de l'appartenance politique de chaque interpellant. Les représentants du monde des agriculteurs et des artisans-commerçants, farouchement hostiles au socialisme, tiennent des propos inquiets et accusateurs. Pour eux, le traité de Maastricht engendre des "impôts supplémentaires", accélère la "mort" de l'agriculture et pousse le monde rural au "désespoir". La motivation du référendum est politique puisqu'il s'agit en fait d'un plébiscite en faveur du Chef de l'Etat. Les représentants de la gauche ou du mouvement "Génération Ecologie", majoritairement enseignants ou étudiants, manifestent un autre type d'inquiétudes. Ils se demandent si le développement de la construction de l'Europe permettra de continuer à assurer les "équilibres sociaux" et ne freinera pas leur revendication pour un "allègement des horaires de travail". Il est donc vrai, à première vue, que la quasi totalité des intervenants inscrit sa parole dans le cadre de ce que Guillaume Durand appelle "l'expression de préoccupations". Mais, la partition observée, calquée sur les différences de croyances politiques ou d'activités professionnelles, montre que les doléances dépassent le vécu quotidien et se réfèrent à des catégories plus larges qui en appellent à l'histoire ou à l'idéologie. L'essentiel du contenu de parole se trouve dans l'entour explicatif. C'est ainsi que le procès de la PAC (la politique agricole commune) est conduit au nom du respect de l'équilibre rural traditionnel, mis en avant comme valeur-refuge. Rien n'est dit sur les industriels de l'agro-alimentaire qui n'ont cure de la désertification des campagnes ou de la mise en jachère des terres autres que celles destinées à la culture intensive et, pour qui, la construction de l'Europe est incompatible avec la ritualisation du passé. De même, les intervenants de sensibilité politique de gauche ont des propos qui ne trouvent leur vraie dimension qu'en référence aux luttes syndicales et au programme de François Mitterrand en 1981 !

Le respect approximatif des règles de prise de parole par les participants a valeur symbolique. Il reflète de leur part une volonté commune de recadrer le débat public et de le mettre en phase avec les éléments de la réalité quotidienne. Loin cependant d'être limité à l'expression des émotions fortes du moment présent (comme le laisse à penser le modèle de la néo-télévision), le recadrage s'opère à partir des croyances et du fonds idéologique propres à l'histoire de notre pays. Le débat sur Maastricht renvoie chez le public, quelle que soit son appartenance, à des marques identitaires profondes. Au même moment, les journalistes et les hommes politiques proposent à l'unisson une lecture "fermée" du traité de Maastricht. Traitant tour à tour du fédéralisme, de la monnaie unique (ou de la monnaie commune) et des "technocrates de Bruxelles", leur échange s'enferme dans les arguties argumentatives et les subtilités institutionnelles. Un profond hiatus sépare donc le public de la classe politique et des journalistes, majoritairement connivents. Préoccupant, il montre que la mise en référence et la manière d'aborder les problèmes diffèrent sensiblement d'une catégorie d'acteurs à l'autre. La délibération publique s'en trouve ainsi réduite, pour une bonne part, à un dialogue de sourds. Analyser et prendre en considération les processus de pensée du public, quand il est sollicité pour débattre, paraît un minimum démocratique et une condition indispensable pour lui redonner goût à participer à la vie publique.

La difficulté de l'échange politique éclate encore plus dans le modèle interactif. Le face-à-face direct entre le Président et un interpellant, maître de la question à poser autant que de sa formulation, aboutit fréquemment à l'aveu d'impuissance. Interrogé par un ingénieur du *CNES* sur le risque croissant du chômage des cadres hautement spécialisés, François Mitterrand surprend en répondant : *"ni vous ni moi n'y pouvons rien. Nous ne lutterons pas contre l'évolution technologique"*. Son propos négatif, largement inhabituel dans l'univers du discours politique, met son discours en concordance avec la réalité. En période de récession économique, le responsable politique est contraint à parler vrai au risque de perdre toute crédibilité. Cependant, l'aspect discordant de cette parole a une portée qui dépasse celle, immédiate, induite par l'impuissance à apporter réponse. Il a valeur heuristique s'il pousse à s'interroger sur les caractéristiques du débat politique à la télévision française. Depuis que les mass medias sont devenus le support privilégié de l'expression publique, on constate que la place reconnue aux acteurs sociaux se définit au sein de modèles bien définis. Les changements au sein de la société finissent, tôt ou tard, à trouver leur traduction symbolique dans l'évolution des dispositifs. Cette souplesse permet incontestablement d'ouvrir la scène à la figuration sociale mais il faut examiner dans quelles conditions. La manière de légitimer la présence des acteurs ou de définir le cadre de leur prise de parole diffère sensiblement d'une catégorie à l'autre. Premières entorses à l'idéal d'une délibération équilibrée, ces choix inégaux sont visibles et donnent lieu, ici ou là, à critique. Une telle conscience n'a pas d'équivalent pour tout ce qui touche aux implicites du débat télévisuel. A ce niveau et contrairement à ce qui a été montré précédemment, il semble aller de soi qu'un thème soumis à la discussion est compris de tous de manière identique, c'est-à-dire le plus souvent en conformité avec la façon de voir des représentants institutionnels. Le présupposé consensuel détermine également la représentation que les acteurs se font de leurs rôles réciproques. Un schéma de communication simplifié semble tenir lieu à chacun de cadre pour situer ses attentes et délimiter sa fonction. Un seul modèle linguistique prévaut sur la base de questions et de réponses, érigées en domaines réservés pour inscrire la parole des uns et des autres. La non réponse de François Mitterrand fait une entorse à la logique de cette forme canonique : la force de la réalité oblige à repenser les évidences. Elle est l'occasion de se rendre compte que la pérennité du doublet discursif à la base de l'échange entre le public et l'homme politique repose sur une convention tacite. Maître de la décision et doté du pouvoir de persuasion, l'homme politique (et, dans ce schéma simpliste tout homme politique) serait apte à résoudre les problèmes. Le public, installé de fait dans cette attente, jugerait ses réponses et les évaluerait à l'aune de l'efficacité du verbe. Réduite à sa forme de base, cette structure de l'échange politique paraît peu propice à argumenter. Simpliste, elle n'a pu se perpétuer que dans le contexte des idéologies manichéennes. Le temps de l'adhésion par passion ou du rejet de principe est révolu : il reste à définir celui de l'information et de la délibération.

LA COMMUNICATION PRÉSIDENTIELLE EN QUÊTE DE MODÈLE*

La communication politique connaît ses heures de gloire au cours des années quatre-vingt. Réduites aux quelques clichés qui semblent marquer un renouveau du genre, elle bénéficie avec sa cohorte de conseillers célèbres, ses méthodes issues du marketing publicitaire et les principales campagnes électorales réduites à des cas de figure-types, de l'intérêt que lui portent ensemble la classe politique et le public, sensibles à son originalité et à son efficacité apparente. Puis, la révélation de son coût exorbitant et de ses modes de financement détournés font porter sur elle un regard plus nettement critique qui accompagne le mouvement de discrédit du politique. La défiance fait place à la découverte amusée et montre les limites de l'ajustement de l'offre à la demande sur une base essentiellement technique et instrumentale. Pour autant, son approche et ses méthodes ne sont pas abandonnées prouvant par là qu'elle s'inscrit dans un contexte de redéfinition radicale des échanges sociaux.

Les partis ou les syndicats, traditionnels fédérateurs de l'action collective, n'ont plus ni l'attrait ni la crédibilité qui suscitaient l'adhésion et poussaient à l'engagement. Confrontés aux désillusions idéologiques et aux faillites de régimes, longtemps considérés comme des modèles, ils tendent à n'être plus perçus que comme des appareils bureaucratiques livrés aux luttes byzantines entre courants et fractions rivales. Le jeu politique français, désormais, ne s'ordonne plus autour des grand-messes populaires et des convictions vissées au corps. En l'absence des grands relais traditionnels d'opinion, la perception

* Article paru dans la revue « *Hermès* », n° 17-18, CNRS, Paris, 1995.

de la demande s'opère par enquêtes et sondages. Le tableau de bord avec ses éléments de mesure tend à remplacer le contact direct. S'il est indéniable que ces données quantitatives fournissent à l'homme politique des indications utiles, elles l'entraînent également à développer une attention intermittente aux demandes du corps social et à répondre en gestionnaire du quotidien (1). Progressivement, le conjoncturel l'emporte sur le structurel et limite le projet politique.

La place croissante réservée à la télévision comme support principal -sinon exclusif- de l'expression politique accentue la tendance à l'écart entre la demande et la réponse. Fasciné par le fait de pouvoir s'adresser à un public très large, l'homme politique s'est longtemps laissé aveugler, persuadé que l'efficacité de son adresse était assurée du seul fait qu'il avait accès au studio de télévision. Les résultats d'audience de plus en plus faibles de tous les grands magazines politique à la fin des années quatre-vingt et au début de la nouvelle décennie apportent un démenti sans équivoque (2). Cette désaffection du public, surtout sensible chez les plus jeunes des téléspectateurs, atteste l'incompréhension et le désintérêt pour des prestations souvent jugées formelles et déconnectées de la réalité vécue au quotidien (Neveu, 1989). Rétablir l'échange politique dans un espace public fortement médiatisé devient un des problèmes majeurs à résoudre au moment où les difficultés économiques tendent à dissoudre le lien social.

Dans ce contexte peu porteur, les tentatives de renouvellement de la communication sont intéressantes à observer. Caractérisées par leur manifestation ponctuelle et leur caractère quasi expérimental, elles apparaissent en rupture avec les autres formules trop prisonnières du formalisme institutionnel. Leur succès, généralement assuré au-delà de ce qu'il est maintenant convenu d'attendre pour une émission politique, et leur manière originale de rénover les rôles télévisuels les placent à la pointe des essais pour repenser le fonctionnement de l'espace public médiatisé. Parmi les plus remarquées de ces dernières années, celles mettant en scène le Chef de l'Etat prennent valeur emblématique. Leur conception rigoureuse et très professionnelle assure une réussite ponctuelle mais ne permet pas de fixer les règles durables d'une énonciation renouvelée. Que traduit alors cette instabilité inaccoutumée dans la sphère du politique et quel sens accorder au glissement d'un modèle d'échanges à un autre ?

La redéfinition de l'énonciation présidentielle

En France, la communication présidentielle tend de moins en moins à emprunter les formes canoniques des prestations ritualisées. La conférence de presse, morceau de bravoure à l'époque du Général de Gaulle, a maintenant un air obsolète. Restant néanmoins dans la gamme des possibles, elle semble réservée aux situations de crise comme l'a montré sa résurgence lors de la guerre du Golfe. De même, l'allocution présidentielle, prononcée ès qualités, devient un exercice solitaire peu fréquent que justifie seule l'annonce de décisions importantes : la parole a alors valeur d'action, comme ce fut le cas lors de l'annonce du référendum en vue de la ratification du traité de Maastricht. Au fil du temps et de façon imperceptible, l'énonciation officielle cède la place à des formes d'expression moins formelles. Le studio de télévision devient alors le lieu privilégié pour s'exprimer, de préférence au lieu où s'exerce le pouvoir.

L'essoufflement de ce modèle formel dans la communication ordinaire signifie la fin d'une période de relations fortement asymétriques entre l'autorité politique et les citoyens. Le nouveau modèle articulé autour du médiateur, interface entre le public et l'homme politique, permet d'élargir la gamme des registres de prestation en ouvrant à des formes plus banalisées. Moins resserrée sur les finalités déclaratives et décisionnelles, l'énonciation présidentielle vise la rencontre avec les gens. Cet objectif ouvertement affiché oblige à une actualisation du discours et du comportement pour se conformer aux changements des valeurs et des goûts dans la société (par exemple, en prenant de la distance par rapport à la relation d'autorité traditionnelle). Montré dans sa dimension humaine, le Président est plus proche et plus familier mais, en même temps, il est plus facilement soumis aux jugements de ceux qui le découvrent. Ses prestations télévisuelles deviennent de plus en plus des occasions de travailler à la présentation de soi. Aidé de ses conseillers en communication, il veille au choix des dispositifs et il élabore le message à faire passer en fonction des caractéristiques de la situation politique, du contexte économique et de l'état de connaissance de l'opinion. Hors le cadre ritualisé de la prise de parole officielle, le Président se voit donc ouvrir un espace d'intervention personnalisé. Il doit cependant en faire un usage occasionnel afin d'éviter le retour à l'institutionnalisation de la formule qui serait vite perçue comme une communication officielle déguisée sinon propagandiste (bien que le renouvellement de telles pratiques semble maintenant improbable depuis la déconvenue de Laurent Fabius à l'occasion de ses apparitions régulières dans *"Parlons France"*. Jouant la décontraction et la simplicité pour faire mine d'abandonner un moment sa fonction de Premier Ministre, il a été alors l'objet de vives critiques).

L'énonciation présidentielle se définit maintenant sur des bases nouvelles. Informer, décider, annoncer, persuader ou se présenter participent de finalités communicatives qui se doivent d'être explicites. Le contrat tacite qui lie le Chef de l'Etat au public repose sur une exigence de transparence plus grande qu'auparavant : l'acceptation ou la non acceptation du public passe par cette clarté des intentions (même si évidemment le mélange des genres est toujours partiellement inévitable). Contraint par des règles précises (co-établies avec le public et plus seulement imposées) et, limité dans le nombre de ses prestations, le Président en choisit le moment de manière très sélective.

Trois d'entre elles ont revêtu une importance particulière à la veille d'élections annoncées comme difficiles voire perdues d'avance : en 1985 avant les législatives de mars 1986, en septembre 1992 avant le référendum sur la ratification du traité de Maastricht et en 1993 avant les législatives (3). Chacune correspond à une intervention de nature réactive : placé en position délicate, le Président vise à redresser la barre. L'intérêt de ces prestations finalisées vers le même objectif est double. D'abord, au plan politique, puisqu'à l'exception de la dernière émission moins regardée, les autres connaissent un succès populaire important et atteignent l'effet bénéfique recherché. Ensuite, par rapport aux dispositifs communicationnels : chaque fois renouvelés, ils montrent symboliquement les évolutions rapides de la transaction politique.

L'émergence de la communication sur mesure

La communication présidentielle française a longtemps été empreinte de rigidité et de formalisme. Les morceaux de bravoure du Général de Gaulle, à l'occasion de ses conférences de presse, laissent une trace encore vivante dans la mémoire collective et sont inséparables du décorum de l'Elysée, de l'attitude hautaine de l'hôte du lieu et du comportement, à nos yeux, exagérément respectueux de l'ensemble des journalistes. Caractéristique d'une société fortement hiérarchisée, ce mode de communication s'inscrit dans un contexte social où l'autorité s'exerce hors de tout échange préalable. Ainsi, la télévision est-elle convoquée au lieu et à l'heure voulus et doit rendre compte de l'événement selon des règles dictées au préalable. Le mouvement de mai 68, les nouvelles formes de relation au sein du monde du travail et l'élévation du niveau culturel d'une grande partie de la population font pression pour le changement. Désormais, le Chef de l'Etat doit composer et non plus s'imposer. De ce fait, sa communication s'ouvre à une gamme de registres beaucoup plus large : le formel et le solennel ne sont plus les tonalités de rigueur.

L'influence des conseils en communication, souvent issus du monde de la publicité, accentue ce phénomène de banalisation. En reprenant les concepts et la méthodologie qui ont fait leurs preuves pour la promotion des produits, ils tendent à transformer l'espace du politique en un espace de séduction et à gommer le rôle prioritaire accordé naguère à l'idéologie. La télévision, dans ce nouveau contexte, se trouve appelée à tenir un rôle bien différent de celui que lui a longtemps octroyé la classe politique au pouvoir. Partenaire à part entière et non plus supplétif convoqué si besoin est, elle impose maintenant un cadre de fonctionnement largement renouvelé. Son autonomie conquise sur le politique, son inscription dans le marché concurrentiel et la grande volatilité du public obligent à affiner la démarche de communication. Chaque intervention est alors objet de choix relevant autant de préoccupations de forme que de contenu : la conformité avec les habitudes télévisuelles devient une des conditions de l'efficacité et de la portée du message délivré.

Les trois prestations évoquées précédemment en apportent l'illustration. Préparées dans des circonstances où la reconquête de l'opinion devient une nécessité politique, elles sont toutes trois conçues pour toucher le plus large public possible. La place encore monopolistique de la télévision généraliste en France en offre la possibilité, à la condition de s'ajuster aux temps forts de la programmation. Chacune commence à l'heure de la plus grande écoute -à l'heure du journal télévisé de début de soirée, traditionnellement le plus regardé- et peut se poursuivre plus ou moins longuement dans la soirée. L'émission politique remplace ainsi d'autres émissions, de nature non informatives et connues pour avoir une forte audience. Répétitive dans le principe, la démarche prend forme cas par cas pour répondre à des finalités communicatives différenciées. La substitution de type "échange standard" est la formule la plus simple : le Président répond en duplex aux Français à l'heure du journal télévisé (*FR3*, émission diffusée en direct deux jours consécutifs). Limitée dans le temps, elle reproduit l'échange traditionnel avec questions et réponses et s'appuie sur un dispositif réduit. D'autres formules jouent plus sur l'inattendu et tendent à renouveler le genre : c'est le cas lorsque l'émission occupe l'ensemble des programmes de la soirée (*M. le P. et RV de l'Europe*). Mise à la place d'une émission de variétés ou d'une oeuvre de fiction, l'émission de communication politique ne peut plus être conçue de la manière habituelle. Le renouvellement de formule devient obligé pour maintenir l'attention de toutes les catégories de public. Le savoir-faire des conseillers en communication s'avère alors particulièrement utile pour trouver les moyens de cette adaptation.

La prestation politique devant être transformée en l'équivalent d'une émission grand public, elle est conçue selon les principes qui assurent le succès de la télévision populaire. A cette fin, le présentateur joue un rôle essentiel comme co-concepteur du dispositif et comme animateur de plateau. Le temps est révolu des entretiens figés avec un journaliste de complaisance. Le journaliste avec qui le Président est associé l'espace d'une soirée est un personnage polyvalent : journaliste certes, puisqu'il est connu comme présentateur du Journal télévisé sur une grande chaîne nationale (4), il a aussi une renommée d'animateur. Le centre de gravité de cette nouvelle forme d'expression politique se trouve ainsi déporté, le côté spectacle prend le dessus sur le contenu. Le duo proposé est un cocktail surprenant où la gravité et l'emphase de la parole officielle côtoient le bagout et l'humour populaire. Justifiée par la recherche de l'efficacité maximum, la rencontre inattendue entre un Président nourri de culture humaniste et un présentateur-batteleur éveille d'emblée la curiosité du public. Le dispositif et le déroulement de l'émission doivent permettre ensuite de maintenir son attention et son intérêt. Beaucoup de commentateurs ont ainsi été frappés par la construction apparemment hachée de cette émission spéciale avant le référendum en vue de la ratification du traité de Maastricht. De fait, chacune des séquences proposées vise des catégories de public bien définies. L'échange direct entre le Président et un panel de français constitue le moment fort de la prestation présidentielle. Comme il est attendu de tous, il est programmé en début de soirée. Au fur et à mesure que le temps passe, les séquences deviennent plus spécialisées et n'intéressent plus que des catégories de téléspectateurs au niveau socio-culturel plus élevé que la moyenne nationale. Le passage d'une conversation du Président avec des journalistes parisiens à un mini-débat avec un représentant de l'opposition, sélectionné pour la qualité de son argumentation, sont la preuve de cette programmation concertée.

Considérée longtemps comme trop éloignée des réalités quotidiennes, la communication présidentielle en est maintenant nourrie. L'émission : *"Ca nous intéresse M. le Président"*, en 1985, est un exemple intéressant car poussé aux limites du possible pour rénover le genre. La revue *"Médias"*, par nature attentive aux évolutions du secteur, parle "d'un show décisif" et poursuit sous forme prédictive :

"le dimanche 28 avril, François Mitterrand a été le héros d'un show télévisé hors du commun. Cet événement relance la carrière du Président et révèle comment, aujourd'hui, communiquer par la télé" (*Médias* 102, 6 mai 85).

Il s'agit en effet d'un moment charnière dans l'évolution de la communication présidentielle. Pour la première fois, une émission entière est consacrée à corriger point par point l'image dégradée d'un homme politique. Après les symboles ponctuels rapidement déconsidérés pour leur aspect démagogique (on pense, par exemple, à l'accordéon du Président Giscard d'Estaing comme gage d'une simplicité à la mesure des gens ordinaires), voici le temps du plan-média et de la systématisation. Pour répondre à la baisse de popularité indiquée par les études d'opinion, l'accent est porté exclusivement sur les facteurs qui créent l'écart entre le Président et ses concitoyens. Le dispositif est entièrement conçu pour répondre à cette finalité. Le formalisme inhérent à la fonction présidentielle est gommé grâce à une composition proxémique inhabituelle et provocatrice. Le présentateur est debout pour poser ses questions et domine le Président, contrairement à la coutume protocolaire. Cette méthode fondée sur le renversement de situation et l'insistance à montrer la rupture avec les usages sociaux est reprise ensuite pour ordonnancer l'échange verbal. Dans un pays où les journalistes apparaissent comme trop déférents par rapport aux hommes politiques (du moins par comparaison avec la tradition du journalisme anglo-saxon), Yves Mourousi mène le jeu et n'hésite pas à interrompre son interlocuteur sans égard particulier (avec le célèbre : "ce n'est pas la question", par exemple). En se prêtant à une interaction vive au cours de laquelle sa fonction ne lui assure plus automatiquement le rôle dominant, le Président se moule dans un personnage moins lointain. Ce repositionnement se poursuit à des niveaux plus profonds. Plus essentiels pour comprendre l'incompréhension entre la classe des politiques (formée selon le moule des Grandes Ecoles) et les gens ordinaires, les écarts relatifs à la manière de parler et aux références culturelles sont systématiquement effacés.

Pour répondre au déficit d'image, l'émission de communication réactive doit exhiber des preuves tangibles. Le questionnement surprise autour du sens de "chébran" (en usage dans les banlieues populaires et dont le modèle à base d'inversion des syllabes sert à produire un langage pour avertis : le verlan) est présenté comme telle dès le début de l'échange. Il en est de même pour les références culturelles. La communion avec les oeuvres artistiques est brutalement interrompue pour susciter de la part du Président des commentaires sur des clips, des spots publicitaires ou des extraits de films à la mode (5) : Michaël Jackson, les chevrons de Citroën ou le cinéaste Luc Besson comme garants que le contact est établi ! Gommer l'écart par une immersion à l'improviste dans l'univers de la culture des rues plutôt que celle des Palais officiels reste cependant une procédure relativement peu dérangeante pour quelqu'un au sens de la répartie bien connue. La nouveauté se marque sur des éléments plus significatifs. En menant son émission à vive allure avec vingt-deux séquences proposées, le présentateur modifie la structure classique du discours politique. Il oblige le Président à adopter une forme de parole éloignée de ses pratiques et de celles de ses pairs. Défaire une structure et en composer une autre est proposée comme thérapie au rejet du discours de l'homme politique. Les effets en sont systématiques : le rythme rapide interdit la période argumentative, le jugement par formules instantanées écarte le recours à la nuance du raisonnement, le cheminement touche-à-tout empêche le plan logique, la trop grande variété des thèmes abordés supprime la possibilité d'en approfondir quelques-uns. Ces opérations d'effacement et de déplacement à vif empêchent toute connivence du locuteur avec son univers de référence et situent l'interaction au niveau des habitudes cognitives du grand public. Influencé par l'environnement télévisuel, ce dernier développe une attention fondée sur l'impatience qui motive en partie son rejet des longues périodes du discours politique. Pour y répondre, l'échange verbal est construit selon des principes qui s'alignent sur les canons des nouvelles images. A la manière de "l'image-pulsion" (Vernier, 1988), il se présente en mouvement continu et en recherche constante du temps fort avec des mots d'esprit ou des formules frappantes. Ainsi, la communication change-t-elle de nature : habituellement fondée sur l'explication et la procédure argumentative, elle vise surtout, dans ce cas poussé à l'extrême, à la rencontre mimétique avec l'auditoire.

Cette série de tentatives de redéfinition de l'interaction politique à la télévision a tout pour surprendre. A la fois très maîtrisées sur le plan technique et, en même temps, troublantes par leurs différences radicales, elles laissent une impression ambiguë. Leur succès d'audience tend à les faire considérer comme les formules les plus adéquates à un moment donné mais leur singularité force à s'interroger sur leur sens dès lors qu'elles ne s'inscrivent pas dans la durée. Ne peut-on se demander si ce n'est pas le signe que la communication politique est entrée dans une phase de transition ? La variété des formules proposées n'étant alors que le reflet de la prise en compte de l'évolution rapide du positionnement des acteurs impliqués dans la transaction politique.

L'expérimentation des modèles d'échanges

Le dispositif télévisuel a valeur symbolique. La présence ou l'absence sur le plateau, la relation entre participants et la manière de présenter chacun à l'image sont autant d'indices révélateurs d'un sens moins apparent dans la vie courante. L'émission de communication politique se donne à voir comme un lieu d'observation privilégié des rapports de pouvoir au sein de la société. Simplifiant les processus complexes, elle en propose la figuration dans des mises en scène emblématiques. La représentation des protagonistes, limitée à de grandes classes d'appartenance (le politique, le médiateur et le public) mais symptomatique par la place qui leur est accordée, est un indicateur précieux pour comprendre comment se structure l'espace public. Observée au sein de formules non pérennisées, elle témoigne de ses évolutions et en montre les mouvements tendantiels.

Depuis le milieu des années quatre-vingt, la communication présidentielle, plus fortement dégagée des formes d'expression habituelles à la fonction, s'élabore sur des modèles d'échange politique mouvants. Trois modèles se dégagent principalement et trouvent illustration dans les émissions indiquées précédemment. Les positions respectives de l'homme politique, du médiateur et de l'opinion publique les distinguent dans leur définition (Wolton, 1988). Observables au sein de dispositifs construits, ils sont la projection figurée de la relation politique dans la société à un moment donné. Dans le cas des prestations de circonstances, un accord entre le média -hôte de la circonstance- et l'invité est nécessaire pour allouer la place des uns et des autres. Le choix du mode de représentation du public, étranger à la tractation mais destinataire du message, en est l'élément le plus symbolique et donc le plus pertinent pour discriminer les modèles.

Le modèle impositif

Il fonctionne sur la base d'une dyade. Le médiateur et l'homme politique sont omniprésents, leur rencontre est construite autour des questions posées par le premier et des réponses du second. Le public est absent du studio et le dispositif le représente à différents niveaux dans une procédure de délégation éclatée.

D'abord, dans le discours du journaliste. Ce dernier parle au nom des protagonistes absents, comme l'atteste la formule "ce qui intéresse les français" qui en constitue l'exemple le plus souvent répété et le plus explicite. Cette forme de légitimité auto-octroyée suppose la conjugaison de deux conditions pour être acceptée par le public : un niveau de célébrité élevé du journaliste et une reconnaissance suffisante de sa compétence professionnelle. Sa validation dépend également de facteurs conjoncturels. L'exemple des années quatre-vingt, règne du "tout communication" en France, montre le lien entre la montée de la starisation à la télévision et la procédure de délégation généralisée. Il apparaît de manière particulièrement évidente dans l'émission *"Ca nous intéresse M. le Président"* où le titre joue habilement de l'artifice du pseudo-discours direct. Emblème d'une démarche par laquelle le journaliste en vogue mène le bal et s'appuie sur des échantillons de la parlure populaire ou des pots-pourris de la culture de masse : l'efficacité télévisuelle justifie la procuration.

Ensuite, à travers l'exhibition de personnalités présentes dans la salle mais silencieuses. A défaut d'être là, le grand public est convié à s'identifier à des célébrités et à s'en inspirer dans son action quotidienne. Pour galvaniser son moral on lui propose de regarder "la France qui gagne" sous l'allure d'un plateau impressionnant de grands noms du monde de l'économie, du sport, des arts ou de la politique. Le modèle impositif décalque les procédés classiques des médias à fort tirage et révèle implicitement une conception du public fondée sur l'élitisme social. L'espace public est simplifié : d'un côté, les décideurs qui savent et indiquent la direction, de l'autre, la masse appelée à suivre. Le fondement de la relation politique s'appuie sur les bases de l'émotion et rejette la raison et la délibération. Le modèle ne peut donc exister et être repris qu'avec un niveau de confiance élevé et ne se conçoit que dans une logique de type spectatoriel. Tel est le cas au début des années quatre-vingt et de moins en moins à la fin de la décennie.

Le modèle de l'agora

Il regroupe l'ensemble des protagonistes : l'homme politique est toujours en présence du ou des journaliste(s) mais il est aussi directement confronté à des citoyens ordinaires. Le rôle de chacun est de ce fait profondément modifié par rapport au premier modèle.

Le journaliste est en grande partie dessaisi de sa fonction de médiateur. Du fait de la présence à ses côtés de ceux auxquels il se substituait précédemment, il n'a plus la légitimité de parler par procuration. Ses attributions sont réduites à un savoir-faire professionnel. Responsable du bon déroulement de l'émission, il veille au suivi du conducteur dans le respect des répartitions de temps prévues pour chaque séquence, il assure les présentations et les transitions et il régule les tours de parole. Ce changement trouve une bonne illustration dans l'émission : *"Le rendez-vous de l'Europe"*. Guillaume Durand, journaliste au profil semblable à celui d'Yves Mourousi, n'a plus un rôle de premier plan. Il gère la progression d'un direct de trois heures où la parole est plurielle et sériée. Tour à tour, ce sont des citoyens ordinaires regroupés en panel, des représentants des médias nationaux, le Chancelier Kohl et un leader de l'opposition qui sont appelés à questionner, à témoigner ou à dialoguer avec le Président. Suivant le commentaire de la correspondante de la chaîne allemande *ARD*, on peut dire que *"l'émission fait penser aux Grecs anciens discutant de la démocratie"*.

Le public est présent mais les conditions de sa sélection et de sa participation sont particulières. L'époque, dominée par les sondages, induit une approche très quantifiée. Le choix des personnes s'effectue sur des critères distinctifs (profession, position politique etc.) afin d'assurer une bonne représentativité de la société que les biais sociologique et politique tendent toujours à limiter (6). La mesure abstraite s'efface derrière des visages de citoyens ordinaires et anonymes réunis en panel. La communication politique à la télévision opère un tournant important : le destinataire n'est plus une entité abstraite. Par ailleurs, sa présence sur le plateau est active. Il est là, en effet, pour s'exprimer, pour témoigner de ses difficultés et pour questionner le responsable politique. Cette ouverture à la parole directe, avec les mots et les émotions du quotidien, a cependant des limites. L'interaction reste asymétrique pour plusieurs raisons. Le dispositif a tendance à souligner la différence de statut des interlocuteurs et à marquer une distance difficile à ignorer (le cadre solennel de la Sorbonne dans *"Le rendez-vous de l'Europe"*, par exemple, n'était guère propice à l'échange égalitaire). De plus, la prise de parole connaît beaucoup trop de contraintes pour être libérée : elle se fait sur commande, dans un temps très réduit et sans possibilité de poursuivre l'échange. Elle se résume ainsi à un questionnement souvent insatisfaisant pour le participant, privé du droit de s'exprimer une fois la réponse obtenue. Ces limitations sont révélatrices de l'aspect ambigu du modèle de l'agora. Plus démocratique que le modèle impositif, en ouvrant l'espace à la discussion publique et en permettant la confrontation des points de vue, il reste fortement marqué par une conception stratifiée de la société. La parole n'est pas égalitaire : son poids est proportionnel au statut des participants. Le public, laissé pour compte dans le premier modèle, risque de n'être qu'une caution dans le second.

Le modèle interactif

Il est caractérisé par la mise en relation directe et prolongée du public avec le Président. En conséquence, le rôle du journaliste se trouve réduit au minimum. Les dispositifs techniques -duplex télévisé, conversation téléphonique- deviennent les moyens de la mise en contact.

Entièrement centré sur l'échange, le modèle se dégage de toute logique spectatorielle. Ce dépouillement permet un resserrement du temps qui se traduit par une participation plus nombreuse du public et des interactions plus longues. L'exemple des deux émissions programmées dans le créneau du "*19-20*" de *FR3* le montre avec la participation active de vingt-quatre personnes. Leur mode de sélection au sein des douze stations régionales de la chaîne atteste également la volonté de situer la rencontre au plus près de la réalité quotidienne. Les critères adoptés pour retenir les participants font autant référence aux variables régionales qu'aux catégories générales et abstraites des enquêtes d'opinion. L'allongement des temps de parole prend sens : l'échange porte sur des questions précises avec un traitement de problèmes rapportés à un contexte identifié. Il permet aussi des développements suffisants pour traduire une réserve, s'enquérir de compléments d'information ou pour contre-argumenter. L'ouverture à une forme de communication plus approfondie est facilitée, par ailleurs, par la proximité du contact. Les plans rapprochés du duplex permettent de suivre les réactions de chaque protagoniste et engagent le responsable politique à répondre de manière plus authentique.

Le modèle interactif apparaît comme le plus égalitaire des trois modèles en concurrence. Du fait de la suppression du processus de délégation, il fonde le droit de parole le plus étendu et porte un coup à un des grands privilèges lié au statut social : celui de porter le discours légitime en toute circonstance. Telle qu'on peut observer sa progression, elle se fait dans une période marquée à la fois par l'accroissement des difficultés socio-économiques et par la remise en cause de la capacité des représentants des grandes Institutions à proposer des solutions efficaces. Ouvrir la possibilité de s'exprimer à un plus grand nombre de personnes ne donne pas pour autant un intérêt égal à chaque prise de parole. Le syndrome "discussion du café du commerce", toujours prêt à surgir dans les moments difficiles, oblige à intégrer l'interaction dans un dispositif médiatique rigoureux, faute de quoi l'échange se transforme vite en sa propre caricature. Du mode de sélection des participants et des règles de prise de parole dépend la qualité de cette forme renouvelée de la délibération publique. Par ailleurs, la complexité des problèmes abordés ne permet pas toujours la réponse immédiate et convaincante généralement attendue par une bonne partie du public. Le responsable politique se trouve en position contradictoire dès lors que l'impératif de l'échange fait violence au rythme nécessairement plus lent de la réflexion. Le modèle interactif n'est donc pas sans risque de dérives. Les conditions de sa réussite dépendent aussi de préalables indispensables : l'existence d'une information de qualité et la décentralisation des organismes de décision pour redonner goût à l'action collective.

La coexistence des trois modèles dans la communication présidentielle est interprétable de manière différente. Elle traduit, sans doute, une manière incertaine d'ajuster le dialogue entre l'élu à la fonction suprême et les électeurs. Devant les mutations rapides de ces dernières années, le responsable perd de sa capacité à anticiper pour se replier dans une attitude pragmatique. Pour autant, l'adoption d'un modèle et son abandon au profit d'un autre ne procède pas de l'aveuglement, il met en évidence les aspects tendanciels de ces déplacements apparemment chaotiques.

Les grandes tendances

La période 1985-1993 marque une évolution importante dans le positionnement des acteurs au sein de l'espace public. Les relations entre l'homme politique, le journaliste et le public sont redéfinies sous la pression croissante des difficultés socio-économiques. La compétence des experts et le pouvoir des politiques à influer sur la situation étant fortement mis en doute, leur place symbolique tend à décliner tandis que celle du public est ascendante. Miroir grossissant, la télévision reflète ce mouvement à travers les changements de dispositifs observables dans les émissions politiques non institutionnelles.

La montée du public

Le passage, dans un si bref délai, du modèle impositif au modèle interactif est un fait majeur du processus de redéfinition de l'espace public actuel. Le modèle impositif, qui écarte le public de la délibération et le réduit au rôle de destinataire à qui l'on fait la leçon, repose sur une conception de l'échange très simplificatrice et très inégalitaire. Son adoption, en période où la confiance commence à s'éroder, doit se faire de manière habile. Inscrit dans un dispositif qui l'apparente à un grand spectacle, il prend distance avec le discours politique traditionnel de sorte que la philosophie qui le sous-tend se trouve camouflée. L'habileté de la procédure ne peut cependant à elle seule assurer la pérennité du modèle. La distribution des rôles sur la scène publique n'est jamais figée. Objet de négociations, elle suppose un degré suffisant de reconnaissance entre les acteurs pour justifier sa pertinence. Le modèle impositif qui place la responsabilité entière des situations au niveau de l'homme politique est invalidé dès lors que les faits entrent en contradiction avec son discours. Pris par le doute, le public est partagé entre l'attitude de repli ou la volonté de faire entendre sa voix. Le passage au modèle de l'agora, puis au modèle interactif, est la manière de prendre acte de ce nouveau positionnement et d'y répondre progressivement.

Son droit de parole reconnu, le public place l'assise de l'échange politique au coeur de la réalité vécue. Grâce à la dimension humaine qui le porte, son témoignage redonne crédibilité au discours en le mettant à l'abri des généralités ou des abstractions propres à la "langue de bois" : la montée du public sur le devant de la scène télévisuelle sonne comme un rappel pour le responsable politique. Elle incite également à réfléchir à la portée de l'action politique et à en accepter les limites. Profilé bas, l'échange se déroule de façon directe, sans mise en scène et sans effets rhétoriques marqués. Le temps n'est plus à l'artifice mais à la vérité, dût-elle être insatisfaisante. Le recentrage en cours ressemble à une opération de sauvetage menée tardivement.

La perte de crédit du journaliste et du politique

Le journaliste voit son rôle décroître pendant la même période. Passant du zénith au quasi repli, il subit les contre-coups d'une pratique professionnelle portée à dériver. Prisonnier, sans s'en rendre compte, de la logique commerciale de la télévision, il contribue à banaliser le domaine du politique. Inspiré par le modèle à grand spectacle, il en façonne une image déformée, souvent réduite aux ambitions de personnes et au discours considéré a priori comme trompeur. Cette vision critique de la politique plaît un temps mais la répétition du même scénario caricatural finit par provoquer le rejet d'acteurs largement discrédités. Le journaliste en subit les conséquences. Porteur de la parole du public, dans un premier temps, sa crédibilité, à son tour, est entamée : sa relation avec les hommes politiques est jugée trop connivente et, par voie de conséquence, ses préoccupations trop éloignées de celles des gens ordinaires (Duhamel et Jaffré, 1993). Plus grave encore, il voit sa pratique professionnelle contestée après les couvertures de Timisoara ou de la guerre du Golfe. Le repli sur un rôle purement fonctionnel devient un passage obligé. Le médiateur, en mal de légitimité, n'est plus qu'une interface dans le champ politique.

La période marque également un tournant dans la relation entre le public et l'homme politique. Acteur zélé de la "média République", l'homme politique fait d'abord duo avec les gens des médias. Fasciné par le savoir-faire des animateurs-vedette capables de capter une audience large, il pense pouvoir bénéficier dans leur sillage d'un effet d'entraînement. Mais cette association fondée sur l'opportunisme est une alliance de raison. Dès que l'efficacité du tandem est perdue, il reprend son autonomie, n'hésitant pas à faire du journaliste le bouc-émissaire de ses déconvenues. Un temps encensés, les médias ne seraient plus qu'un filtre déformant qui expliquerait le relâchement du lien avec le public et appellerait un changement dans la stratégie de communication politique. Le recours au contact direct apparaît alors comme la solution la plus appropriée pour restaurer la confiance. Mené dans le cadre d'un face à face, l'échange est recentré sur l'information et les arguments, hors de toute logique spectatorielle. Par ailleurs privé du soutien occasionnel du médiateur, l'homme politique est mis à nu, dans une épreuve de vérité aux résultats incertains.

Un nouveau rapport entre le discours politique et le réel

Aussi longtemps qu'il est justifié par la référence idéologique, le discours politique a vocation à mobiliser autour de grandes certitudes. L'affrontement discursif participe du rituel de la politique et, pour une bonne part, le charisme du dirigeant dépend de sa manière de manier les mots et les figures rhétoriques sans heurter les valeurs culturelles de ses mandants. Peu importe alors les distorsions entre le discours et la réalité, tout est affaire de croyance militante.

Une ère nouvelle semble s'ouvrir, marquée par le refus des illusions discursives. Le discours global qui donne réponse à tout et promet un avenir toujours meilleur n'est plus accepté. La pression du public pour obtenir une expression directe dans les médias traduit sa volonté d'exercer un droit de regard sur la parole politique. Il est là pour rappeler ce qu'est la réalité. Pour autant, la confrontation directe n'est pas sans générer elle-même des effets de limitation ou de distorsion. Limitée à un temps court, avec des participants disposant d'une information parfois très inégale, elle risque de n'être que témoignage ponctuel ou occasion d'apostrophe. La communication politique a besoin d'être fondée sur le savoir abstrait : les statistiques et les prévisions donnent aussi trace du réel.

L'évolution rapide et contrastée des modèles de communication politique dans la période récente se décode à plusieurs niveaux.

Le contexte politique, économique et social constitue un socle explicatif déterminant. La sanction, à une échelle inattendue, des dirigeants socialistes lors des élections législatives de mars 1993, met au grand jour le hiatus entre la pratique des acteurs politiques et son efficacité économique et sociale au terme des années quatre-vingt : l'évolution des modèles reflète la progression de cette lame de fond qui agite la société française.

La communication politique est redéfinie. L'ère des certitudes programmatiques est révolue et laisse place au temps du profil bas. Porté à ériger la prudence et le pragmatisme comme vertus cardinales, l'acteur politique se sent placé sous contrôle permanent. Sa logique de comportement s'ordonne et se comprend en référence aux attentes du public et aux difficultés prévisibles pour les satisfaire.

Le recadrage de la délibération publique dans la société contemporaine émerge comme un problème prioritaire. Les trois modèles identifiés -l'impositif, l'agora ou l'interactif- sont aussi inefficients les uns que les autres dans le cadre de "l'habitus télévisuel" à la française. Souvent réduite à une somme de prestations de circonstance, la délibération à la télévision est prisonnière d'une définition incertaine de son statut. Insuffisamment en appui sur une information qui aurait le temps d'éclairer les processus plutôt que de livrer des formules simplifiées immédiatement soumises au happening de la discussion, elle mériterait de voir dissociées les phases successives de son élaboration. L'exigence démocratique renvoie plus au discours de la méthode qu'aux règles de la théâtralité.

NOTES

1 - se référer à l'ouvrage de Roland Cayrol : *"La nouvelle communication politique"* (Larousse, 1986), et particulièrement, au chapitre 3 : "la République des sondages".

2 - cf. l'enquête réalisée par la société *IPSOS* pour *le Monde*, du 5 au 16 novembre 1987.

3 - les trois émissions sont : *"ça nous intéresse M. le Président"* (TF1, 28-04-85), *"le rendez-vous de l'Europe"* (TF1, 03-09-92) et le multiplex *FR3* (18 et 19-02-93). Elles seront désignées respectivement comme suit : *"M. le P"*, *"RV de l'Europe"* et *FR3*.

4 - Yves Mourousi a présenté le JT de 13H sur *TF1* et Guillaume Durand le 20H de la *Cinq*.

5 - un clip de Michaël Jackson, la publicité de Citroën : *"les chevaux sauvages"* et un extrait de *"Subway"* de Luc Besson.

6 - dans *"RV de l'Europe"* certains partis n'avaient aucun représentant spécifié. Le Front national était amalgamé avec la droite, les Verts avec Génération Ecologie et l'Extrême Gauche avec le PC.

BIBLIOGRAPHIE

BOUGNOUX, D., "Entretien". *Télérama* n° 2153, 17 avril 1991.

BOURDIEU, P., « L'opinion publique n'existe pas », *Les Temps Modernes*, n° 318, 1973.

BOURE, R., MENVILLE, J., "Sur et sous le local", *Cahiers du LERASS* n°20, 1990.

BREGMAN, D., MISSIKA J.L., "Les priorités comparées des candidats et des médias", *Le Monde, Dossiers et documents : l'élection présidentielle*, mai 1988.

BRETON, P., "Médias, médiation, démocratie : pour une épistémologie critique des sciences de la communication politique", *Hermès*, n° 17-18, 1995.

CAYROL, R., *La nouvelle communication politique*, Paris, Larousse, 1986.

CHAMPAGNE, P., *Faire l'opinion*, Paris, Editions de Minuit, 1990.

COULOMB-GULLY, M., "Nouvelles tendances en communication politique". *MEI*, Université Paris 8, 1993, n° 1.

DAYAN, D., KATZ, E., "Télévision d'intervention et spectacle politique", *Hermès*, n° 17-18, 1995.

DE VIRIEU, F.H., *La médiacratie*, Flammarion, Paris, 1990.
Du ROY, A., *Le serment de Théophraste*, Flammarion, Paris, 1992

DUHAMEL, O., JAFFRE, J.,. "L'état de l'opinion 1993". Le Seuil, Paris, 1993.

EDELMAN, M., "*Constructing the political spectacle*", Chicago, *Chicago Un. Press*, 1988.

GERSTLE, J., *La communication politique*, Que sais-je ? n° 2652, P.U.F, Paris, 1992

LE GRIGNOU, B., NEVEU, E., "Emettre la réception". *Réseaux*, n° 32, novembre 1988.

LEBLANC, G., *Le monde en suspens*. Marburg, Hitzeroth, 1987.

LINDON, D., *Le marketing politique*, Paris, Larousse, 1986.

LUSTIGER, J.M., "Entretien". Télérama n°2146, 27 février 1991.

MOUCHON, J., "Espace public et discours politique télévisé" in *L'espace public et l'emprise de la communication*, dir. Isabelle PAILLIART, Ellug ; Grenoble, 1995.

MOUCHON, J., MASSIT-FOLLEA, F., *Information et démocratie. Mutation du débat public*. Fontenay-aux-Roses, ENS Editions, 1997.

MOUCHON, J., "Visibilité médiatique et lisibilité sociale", in *La Communication de l'information* dir. ESQUENAZI, J.P., l'Harmattan, Paris, 1997.

MOWLANA, H., GERBNER, G., SCHILLER, H., *Triumph of the image*. Oxford, Westview Press, 1992.

NEVEU, E., "Emettre la réception", *Réseaux*, n° 32, 1988.

NEVEU, E., "La dynamique des médias dans la construction sociale de la crise de la représentation". *L'Aquarium*, Rennes, 1992, n° 10.

OCKRENT, C., "Le grand journal du soir". *Pouvoirs*, n°51 novembre 1989, pp.37-49

PAILLIART, I., *Les territoires de la communication*, Grenoble. P.U.F, 1993.

SAUSSEZ, T., *Politique séduction*, Paris, J.C. Lattès, 1986.

SIMONIN, J., WOLF E., "Ecole et famille à la Réunion : un lien problématique", *Revue Française de Pédagogie* n°100, 1992, pp 35-45.

SIMONIN, J., "Communications médiatisées et territoire insulaire : le cas de l'île de la Réunion" Actes du colloque *Géographie, information et communication*. Toulouse , 1994.

VERNIER, J.M., "Trois ordres de l'image télévisuelle". *Quaderni*, n° 4, Printemps 1988.

VERON, E., "Corps et métacorps en démocratie audiovisuelle". *Après-demain* n°293-294, 1987, pp. 33.

VINCENT, R., C. "CNN : elites talking to elites". in *Triumph of the image*. Oxford, Westview Press, 1992.

WOLTON, D., "Les médias, maillon faible de la communication politique", *Hermès* 4, 1989, pp.165-181.

WOLTON, D., "Les dix contradictions de l'espace public médiatisé", *Hermès* n°10, 1992, pp.95-113.

WOODROW, A., *Information Manipulation*, Paris, Flammarion, 1992.

TABLE DES MATIERES

Avant-propos... page 5

Positionnement... page 7

1ère partie : INFORMATION ET POLITIQUE... page 19

Présentation... page 21

L'information politique en champ et en
contre-champ.. page 23

Pratiques du journalisme et parole instituée............ page 41

Polymorphie de la représentation politique
dans les médias réunionnais.................................. page 55

2ème partie : COMMUNICATION ET POLITIQUE
.... page 73

Présentation... page 75

Médiatisation de la communication politique
et logiques structurantes.. page 77

Les incertitudes de l'écoute politique..................... page 93

La communication présidentielle
en quête de modèle... page 111

Bibliographie.. page 133

644425 - Mars 2016
Achevé d'imprimer par